Schweden fürs Handgepäck

Schweden
fürs Handgepäck

Herausgegeben von Ralf Laumer
und Gunilla Rising Hintz

Übersetzungen von Hedwig M. Binder, Wolfgang Butt, Christel Hildebrandt, Hans-Jürgen Hube, Senta Kapoun, Pauline Klaiber-Gottschau, Anna-Liese Kornitzky, Hans-Joachim Maass, Mathilde Mann, Verena Reichel, Edzard Schaper, Alfred Otto Schwede und Anne Storm

Unionsverlag
Zürich

Im Internet
Aktuelle Informationen,
Dokumente, Materialien
www.unionsverlag.com

Unionsverlag Taschenbuch 552

Rieterstrasse 18, CH-8027 Zürich
Telefon 0041-44-283 20 00, Fax 0041-44-283 20 01
mail@unionsverlag.ch

Verwendung der Karte auf der Umschlaginnenseite mit freundlicher Genehmigung von map.solutions GmbH, Karlsruhe
(www.mapsolutions.de)
Reihengestaltung: Heinz Unternährer
Umschlaggestaltung: Martina Heuer, Zürich
Umschlagfoto: Tt
Druck und Bindung: CPI – Clausen & Bosse, Leck
ISBN 978-3-293-20552-9

Inhalt

Eine Wasser-Erzählung

Lars Gustafsson

Mit meinem Sohn Joen fuhr ich an einem Nachmittag des regnerischen und kalten Sommers 1977 in einem weißlackierten Motorboot, das schon ziemlich leck war, bei Flodhäll aus dem See Åmänningen heraus, durch die Schleuse von Virsbo, wo Lastzüge donnernd die Brücke überqueren und Kinder glücklich im Schleusenbecken herumschwimmen, durch den Virsbosee, der langgestreckt und seicht ist, in das sumpfige Deltagebiet zwischen Virsbo und Seglingsberg hinein, wo zwölf Wildgänse vor dem Bug aufflatterten und ein wunderbares Kranichpaar unseren Weg kreuzte, vorbei an Bo Stenar, wo die Angler so dicht nebeneinander saßen, dass sie den roten Farbklecks auf einem der Steine verdeckten, der die Steuerbordseite des Kanals markiert, so haben sie da schon seit Jahrhunderten mit ihren Angelruten gesessen, wo der Fluss am schmalsten und die Stromrinne tief ist, und die Schiffer der Erzjachten und Schleppkähne haben sie verflucht, wie wir es taten, als wir in letzter Sekunde entdeckten, dass wir auf das zusteuerten, was zwischen den beiden äußeren Steinen ist, aber alles ging gut, und wir fuhren weiter durch die Schleusen von Seglingsberg und Färmansbo und entdeckten, dass eine üppige, schöne Schleusenwärterin nach Färmansbo gekommen ist, die mit finnischem Akzent spricht und eine riesige Katze hat und ein kleines Kind, das am Wasser spielt, durch ein Laufställchen sorgsam davor geschützt, in die tiefe Veränderlichkeit hinabzufallen, und nach den letzten Windungen des Flusses kamen wir in der Dämmerung auf den Norra Nadden hinaus, den See meiner Kindheit.

»Wie klein er ist«, sagte Joen, der ihn immer als groß beschrieben bekommen hat, und ich selbst, der ich in der Dämmerung zu frösteln begann und plötzlich daran dachte, dass wir einen ziemlich langen Rückweg vor uns hatten, ungefähr dreißig Kilometer, oder sechzehn Meter bis hinauf zur Oberfläche des Åmänningen (und es war ein Sommer, in dem der Schleusenwärter von Virsbo um sieben Uhr abends für die Nacht zumachte), ich armer, verzagter Vater in ausgebleichten Jeans und mit nackten Füßen, fröstelnd nach dem stundenlangen Aufenthalt im teebraunen Humuswasser, das immerzu vom Heck hereinleckte, ich erkannte plötzlich, wie recht er hatte. So eng, so melancholisch der See meiner Kindheit, mit seinen langsam verfallenden Sägewerken im Norden, seinen mittlerweile von sogenannten Strandbäumen notdürftig verdeckten Kahlschlägen im Westen, wo schon längst die neue Straße entlangführte, mit den idyllischen kleinen Sommerhäuschen von Brattheden im Osten. Das einzige, was sich ziemlich gleich geblieben ist, ist das Sumpfland im Norden, die Wasserlabyrinthe aus Schilfwäldern und roten Seerosen, wo man zuweilen noch Kraniche hören kann.

So klein, so eng war es also. Fast wie eine Kindheit in einem Waschzuber!

Und während wir aus dem Fünfliterkanister neues Benzin nachfüllten, mit dem alten blauen Trichter, der im Frühjahrssturm '74 verschwunden war und im Juni '77 in den Brennnesseln der Bucht von Kyrkviken wiedergefunden wurde, ein treuer Trichter, ein Prachtstrichter, kam mir in den Sinn, ihm zu erzählen:

»Du siehst nur einen melancholischen kleinen See, der allmählich zuwächst. Du siehst ein Sägewerk, das immer mehr zur Ruine wird, und du siehst ein paar kärgliche Sommerhäuschen auf einem Bergrücken. Fast alles ist von Gestrüpp überwuchert. Du musst verstehen, dass ich etwas anderes sehe. In meiner Kindheit wimmelt es hier von Menschen. Studenten in weißen Anzügen und weißen Mützen rudern behutsam junge Mädchen zwischen den Schilfwäldern herum und plaudern schüchtern mit ihnen. Der Zug fährt, qualmend von Steinkohlenrauch, in den Bahnhof ein und entlässt ein Gewimmel von Reisenden aus Stockholm, darunter meine exzentrischen Onkel und Tanten …«

»Die Hälfte davon gibt es nur in deinen Romanen«, sagte Joen, der gerade in die Pubertät gekommen ist und anfängt, aufmüpfig zu werden, »… ich sehe alte Arbeiter, die in der Dämmerung auf ihrer Veranda sitzen«, fuhr ich unbeirrt fort, »die ihre Pfeife mit einem Nagel auskratzen und Geschichten von Vätern und Großvätern erzählen, Geschichten, die so alt sind, dass sie bis ins achtzehnte Jahrhundert zurückreichen, Erzählungen von Köhlerhütten und von Bergwerksbesitzern, die so boshaft sind, dass sie der Teufel persönlich am Weihnachtsabend holt, und die Geschichten von dem großen, geheimnisvollen Fisch, vom Riesenwels in Bo Gryta, dem großen Fisch, dem Urfisch, der sich dort unten in der Tiefe verborgen hält, wohin das Sonnenlicht nur wie ein Stern unter anderen dringt, der unerbittliche Fisch, der alle Lotschnüre mit einem einzigen Biss seiner Riesenzähne kappt, sodass Schnur und Kette beide genauso säuberlich abgeschnitten wieder an die Oberfläche kommen …«

»Warum denn«, sagte Joen, der ein moderner junger Mann ist und keine langen Erzählungen mag, er hat es eilig, zum Ende zu kommen, als wenn gerade das Ende irgendwas Besonderes wäre.

»Warum denn«, sagte Joen, »was versteckt er denn überhaupt?«

»Es gibt Gold da unten in der Tiefe, weit unten schimmert ein unermesslicher Reichtum, das Dunkel besitzt etwas, und der Wels ist das Ungeheuer, das es beschützt und versteckt. Nie, niemals wird jemand lebend das Gold an die Oberfläche bringen. Lieber wird das Ungeheuer sterben, als sich das Gold wegnehmen zu lassen. Lieber wird es sterben, als sich zu zeigen. Im Unterschied zu diesen vulgären Seeungeheuern, von denen wir in den Zeitungen lesen, dem Ungeheuer von Loch Ness, dem großen Seemonster und wie sie alle heißen, ist der Riesenwels von Bo Gryta ein Seeungeheuer, dessen ganze Existenz darin besteht, dass es sich niemals zeigt.«

Kaum war das Auftanken erledigt, fuhren wir weiter nach Norden, zwischen den dunkelnden Schilfwäldern hindurch.

Wir hatten es jetzt ziemlich eilig, um die Schleusenzeiten nicht zu verpassen. Joen steuerte das Boot durch die immer abstraktere Landschaft, während ich das Wasser ausschöpfte.

Aufgestörte Enten flatterten vor dem Bug auf, ein Habicht stand fast regungslos über dem Waldrand, aber diesmal kein Kranichpaar. Im Schleusenwärterhaus von Färmansbo leuchtete es gelb, freundlich, einladend. Unter Aufbietung all unseres Charmes gelang es uns, den Schleusenschlüssel zu bekommen. Es war schon so dunkel, dass das weiße Wasser dort unten in sich selbst zu leuchten schien, unruhige Fledermäuse schwirrten über das Schleusenbecken.

Es war Anfang August, das Sommerlicht befand sich auf einem raschen Rückzug.

»Hier am Beckenrand bin ich oft als Kind, oder als kleiner Junge, entlanggelaufen und habe geangelt«, sagte ich. »Hier gibt es auch Steinmorcheln, die man sonst nirgends in dieser Gegend findet, klein und schwarz. Man kann sie nur essen, wenn man sie vorher abgekocht hat. Sie wachsen auf den alten Schlackenhaufen. Hier hat früher einmal ein Hüttenwerk gestanden.«

Wir kamen im letzten Moment wieder auf den Åmänningen hinaus. Der Kanal hinter uns wurde schon dunkel, aber vor uns lag der See und spiegelte das Abendlicht wider. Alles war sehr still. Unser Kielwasser breitete sich wie ein Theorem in einer vollendeten Geometrie aus, hin und wieder tauchte ein Haubentaucher vor uns weg, ganz abrupt, als sei er plötzlich auf andere Gedanken gekommen.

In der Nähe des Zahnarztholms, einer einsamen, bewaldeten Landzunge, die so heißt, weil der Herr, der sich dort einmal ein Sommerhäuschen gebaut hat, Zahnarzt war, und kurz vor der die Insel Gärholmen liegt, bemerkten wir etwas Eigentümliches, was Joen dazu veranlasste, den Motor auf Leerlauf zu stellen.

Vom Gärholmen legte ein Paddelboot ab, offenbar mit einem einzigen Menschen an Bord. Es glitt zwischen den lebensgefährlich scharfkantigen Steinen bei Enträ durch, als existierten sie überhaupt nicht, und bog rasch in die Bucht von Kyrkviken ein.

Die Entfernung war so groß, dass man nicht erkennen konnte, wer da paddelte, aber das Paddeln selbst hatte etwas beunruhigend Hektisches.

»Was war denn das für ein Mensch, um Himmels willen«, sagte ich.

»Es war irgendwie komisch«, sagte Joen. »Wir sehen mal auf der Insel nach. Ich habe das Gefühl, da ist vielleicht irgendwas passiert.«

»Es ist schon so dunkel«, sagte ich.

»Aber ich möchte trotzdem, dass wir am Gärholmen anlegen. Außerdem habe ich unter einem Stein mitten auf der Insel ein Ein-Kronen-Stück versteckt, als wir im Februar '76 die Schlittschuhwanderung gemacht haben.«

Er hatte noch immer die Manie des kleinen Jungen, Dinge unter Steinen zu verstecken, besonders auf Inseln, vielleicht, um sich unverletzbar zu machen, vielleicht, um etwas Unverletzbares zu hinterlassen, vielleicht auch nur, um sich ein Geheimnis zu schaffen.

Mit halber Kraft steuerten wir die Insel an. Es ist eine sehr kleine, schmale Insel. Ringsherum liegen so viele, bösartig scharfkantige Steine im Wasser, dass ich sie fast nie mit dem Boot anlaufe. Im Winter dagegen ist sie ein hervorragender Rastplatz, in den ersten Tagen nach Weihnachten, wenn das Eis schon trägt und blauschwarz daliegt, bis der erste Schnee darauf fällt.

Es war jetzt fast dunkel. Gerade als wir in die wirklich gefährlichen Untiefen hineingerieten, entdeckten wir etwas, das ein schwimmendes Tier sein musste, vielleicht ein Elch, unterwegs von der Insel hinüber zum Festland. In der gleichen Richtung, die das Paddelboot genommen hatte.

Ich machte behutsam eine Drehung von neunzig Grad, und während Joen nach den dunkelbraunen Steinblöcken Ausschau hielt, die jederzeit über der Wasseroberfläche auftauchen konnten, unwirklich, greifbar erst dann, wenn sie mit dem Bug in Kontakt kommen, stand ich auf, um auszuspähen.

Es war zu klein für einen Elch und zu groß für eine Wasserschlange.

Dreißig Meter weiter erkannten wir, dass es ein Mensch war, mit dunklen graugesträhnten Haaren, die an seinem kleinen Kopf klebten. Zielbewusst, aber ziemlich langsam schwamm er aufs Festland zu, splitternackt, soweit man sehen konnte.

Störten wir ihn?

Er lag ziemlich tief. Allem Anschein nach schwamm er immer langsamer, auf eine verbissene Art.

Jetzt müsste er uns entdeckt haben.

Ich fasste einen Entschluss. Kaum waren wir bei ihm angelangt, erkannte ich, dass der Mann völlig erschöpft war.

Wir zogen ihn an Bord, so gut wir konnten. Jeder, der das schon mal gemacht hat, weiß, dass es keine ganz einfache Sache ist.

Ein Mensch, den man über Heck in ein Motorboot zieht, und der selbst kaum eine Anstrengung macht mitzuhelfen, läuft Gefahr, sich die Brust zu zerkratzen.

Wir legten ihn auf die Decksplanken und zogen ihm meinen Pullover an.

»Wie geht es?«, fragte ich ihn.

Er schien zu erschöpft zu sein, um antworten zu können.

»Was sollen wir mit ihm machen?«, fragte Joen. »Wir nehmen ihn mit nach Hause«, sagte ich.

»Er friert ganz furchtbar«, sagte Joen. »Ich finde, wir sollten ihn zum Gärholmen bringen und ein Feuer machen.«

Auf der Insel fanden wir tatsächlich ein Zelt, ein Gaskocher stand davor, einige Kleidungsstücke hingen zum Trocknen auf dem niedrigsten Ast einer Kiefer.

Wir zogen ihm so viel an, wie wir konnten, und machten ein Feuer mit dem trockenen Unterholz der Tannen neben dem Zelt.

Das erste, was er sagte, als er wieder reden konnte, waren für unser Gefühl überraschende Worte:

»Das macht nichts. Sie kommt zurück. Sie kommt immer zurück.«

»Okay«, sagte ich. »Aber dann war es vielleicht ein bisschen übertrieben, ihr bis nach Kyrkviken nachschwimmen zu wollen. Das Wasser kühlt sich hier in Västmanland schneller ab als man denkt. Wenn man kein trainierter Langstreckenschwimmer ist, gibt es gute Gründe, sich etwas in Acht zu nehmen.«

Er schien nicht zuzuhören. Er mochte zwischen fünfunddreißig und vierzig Jahre alt sein, mit einem ganz sympathischen, wenn auch recht durchschnittlichen Aussehen. Man hätte sich einen intellektuellen Beruf vorstellen können, aber keinen, der Ausstrahlung verleiht. Eine Druckstelle über der Nase ließ darauf schließen, dass er gewöhnlich eine Brille trug; ich würde denken, dass es eine von denen mit dünnem Rand war. Er zitterte noch immer und kroch näher zum Feuer hin.

Nichts deutete eigentlich darauf hin, dass er besonders verrückt oder gar verzweifelt war. Er wirkte nicht einmal unglücklich, nur verfroren.

Ich ging also zum Ufer, um nachzusehen, wie wir in der Eile das Boot vertäut hatten; ich hatte das sichere Gefühl, der Wind hätte gedreht.

Das stimmte tatsächlich, das Boot schlug gegen die Steine, und ich zog es gleich in den Windschatten eines großen Findlings am Uferrand. Es war jetzt so dunkel, dass die nächsten Bäume vom Feuer vor dem Zelt erleuchtet wurden.

Ich sah, dass unter den Kleidungsstücken an dem Ast auch Damenunterwäsche hing. Die beiden Gestalten, mein Sohn und der fremde Mann, beugten sich jetzt weiter zum Feuer vor.

Als ich näherkam, erkannte ich, dass sie dabei waren, Wasser zu wärmen.

»Ich wollte euch zum Dank für die Hilfe ein bisschen Kaffee anbieten«, sagte der Mann. »Natürlich nur Pulverkaffee.«

Es wurde ganz still. Für einen Moment fiel keinem etwas zu sagen ein. In der Stille merkte ich, dass ich außer Atem war; so schnell war alles gegangen. Außerdem war ich verdammt verfroren und hungrig.

»Du hast nicht zufällig etwas Brot und Butter«, sagte ich. »Weißt du, wir sind nämlich den ganzen Nachmittag den Kanal runter- und wieder raufgefahren.«

»Aber klar«, sagte der Schwimmer. »Ich glaube, ich habe

sogar noch etwas von einer delikaten finnischen Räucherwurst aus Arvid Nordquists Laden in Stockholm.«

Brot und Wurst wurden hervorgeholt. Ich muss bekennen, dass wir uns ziemlich hemmungslos bedienten.

»Du bist also aus Stockholm«, sagte ich.

»Ich bin hier in der Gegend geboren«, sagte er. »Das heißt, ein bisschen weiter unten am Kanal, oberhalb von Kolbäck. Mein Vater hatte dort einen eigenen Hof. Ich bin in Västerås zur Schule gegangen. Ich meine fast, wir hätten uns im Gymnasium von Västerås schon mal gesehen. In welchem Jahr hast du Abitur gemacht?«

»Fünfundfünfzig«, sagte ich.

»Dann war ich etwas früher dran«, sagte er. »Ich habe 1950 Abitur gemacht. Später war ich eine Weile Lehrer, aber das ging überhaupt nicht gut. Es war in der allerschlimmsten Zeit am Anfang der Sechzigerjahre; man hatte nicht die geringste Chance, Ordnung in die Klassen zu bringen. Seither habe ich in der Reisebranche gearbeitet. Ich lebte lange in Athen, leitete dort die Filiale einer Chartergesellschaft. Jetzt bin ich wieder in Stockholm, seit sieben Jahren.«

Wieder machte er eine Pause. Ich versuchte vergeblich, meine nassen Streichhölzer zum Brennen zu bringen.

»Es ist schon fantastisch, wie man sich im Lauf eines Lebens verstricken kann«, sagte er.

»Wie meinst du das?«, fragte ich.

»Dieses Mädchen traf ich zum ersten Mal gegen Ende der Fünfzigerjahre in Stockholm«, sagte er. »Es muss so um '59 herum gewesen sein. Ich erinnere mich, dass das Nationalmuseum gerade mit seinen Sommernachtskonzerten angefangen hatte, denn kurz nachdem wir uns kennengelernt hatten, gingen wir zu so einer Veranstaltung. Der Sommer '59 war sehr heiß und trocken, wenn ich mich recht erinnere. Es gab noch eine Menge Straßenbahnlinien in der Stadt damals.

Wir kamen aus diesem Sommernachtskonzert, die Stadt war lau, verlassen, auf überraschende Weise leer. Es gab nur uns.

Wir nahmen eine Straßenbahn zur Südstadt, wir gingen lange am südlichen Mälarstrand entlang. Ich habe noch diesen wunderbaren Flieder im Vitabergs-Park in Erinnerung, oberhalb von der Helenborgsgatan. Er war aufgeblüht und duftete ganz ungeheuer.

Wir müssen unglaublich glücklich gewesen sein.«

»Wo seid ihr euch zum ersten Mal begegnet?«

»Das ist doch nicht so wichtig«, sagte er, fast beleidigt über meine Art, ihn zu unterbrechen. »Ich glaube, es war in einem Seminar an der Universität. Ich weiß es wirklich nicht mehr genau. Ich habe das Gefühl, sie schon immer gekannt zu haben.

Sie war damals ein ziemlich schüchternes, schmales kleines Mädchen. Intelligent, aber schüchtern. Sie hatte Angst davor, in den Seminaren etwas zu sagen. Ich war auch ziemlich schüchtern.

Ich hatte zwar vor ihr schon mit Mädchen geschlafen, aber sie war die erste, bei der ich das Gefühl hatte, sie zu besitzen; sie gehörte mir, ich konnte mit ihr machen, was ich wollte. Verstehst du, was ich meine?«

Ich nickte.

»Es war etwas Merkwürdiges zwischen uns, eine Art Feuer, oder vielleicht ein Gift, wie das Gift des Fliegenpilzes, Muskarin, oder wie der Porst auf den großen Hochmooren um den See Märrsjön herum. Wenn wir zusammenkamen, war es, wie in eine andere Welt zu gehen.

Ich hatte in diesem Sommer ein Zimmer in der Hornsgatan. Ich wollte mich auf eine der letzten großen Klausuren in Geschichte vorbereiten.

Aus dem Studieren wurde nicht viel. Wir schlossen uns oft tagelang ein, wir verknäuelten uns ineinander wie Geschöpfe auf dem Grund eines tiefen Sees; ich meine, die Wirklichkeit war nicht viel mehr als ein Lichtgeflimmer, wie es die Tiere in einem solchen See über sich sehen müssen, ein Lichtgeflimmer in dunkelbraunem, humusreichem Wasser.

Wir waren, wie gesagt, beide anfangs ziemlich schüchtern. Ich glaube, ich wusste damals nicht einmal besonders viel davon, wie man eine Frau befriedigt. Ich weiß noch, dass ich mich fragte, warum sie manchmal so schlaflos war.

Es dauerte natürlich nicht lange, bis diese Schüchternheit vorüberging. Sie hatte fantastische Orgasmen, manchmal praktisch bis in die Schultern hinauf. Wie Krämpfe, die den ganzen Körper schüttelten.«

»Vergiss nicht den jungen Mann«, sagte ich.

»Keine Sorge. Er ist eingeschlafen. Ich hole noch einen Pullover, um ihn zuzudecken. Ihr braucht doch nicht schon zu fahren? Nach diesem langen Ausflug sollte er sich doch bestimmt eine Weile ausruhen? Weißt du – gerade jetzt fühle ich mich ein wenig einsam. Und ihr seid doch genaugenommen die einzige Verbindung zum Festland, die ich habe.«

»Okay«, sagte ich. »Lassen wir den Jungen noch ein Weilchen schlafen.«

»Wir hatten auch Depressionen zusammen. Sonderbare, weiße Melancholien zu zweit. Ich glaube, das muss in solchen Situationen so sein.

Wir gingen manchmal gegen elf Uhr vormittags in die Stadt, bewegten uns vorsichtig die Hornsgatan entlang; ich sage vorsichtig, denn in diesem Zustand hatten wir oft das Gefühl, als gingen wir auf Glas, es ist schwer zu beschreiben, also, manchmal gingen wir die Hornsgatan entlang, in der festen und bestimmten Absicht, etwas zum Mittagessen einzukaufen, und kamen dann nur mit etwas Knäckebrot und Käse zurück.

Es war ein ungeheuer merkwürdiger Zustand. So etwas

wie eine metaphysische Gedankenverlorenheit, ein Gefühl, als sei die ganze Welt im Grunde sinnlos, und wir allein hätten das entdeckt.

Verstehst du? Nicht dieses übliche Gefühl, dass alles sinnlos ist, was man tut, sondern ein viel größeres: Die Existenz insgesamt hat ihren Sinn verloren, man hat alle Stadien hinter sich, die man überhaupt durchmachen kann. Und auch dahinter war nichts.

Unsere Bekannten fragten sich allmählich, wo wir geblieben waren. Ich vermute, dass man uns an der Universität abgeschrieben hatte.

Das alles dauerte eine kurze Zeit, nur ein paar Monate, und es war völlig wahnsinnig. Und zuinnerst hatten wir immerzu das Gefühl, es könne nicht mehr lange so weitergehen.

Wir machten verschiedene Versuche, zusammen zu arbeiten. Das war gar nicht einfach. Ich hatte ja nur ein Zimmer mit Küche, und zwischen der Küche und dem Zimmer entstanden so merkwürdige Spannungen, dass es in den Wänden knackte, wenn wir versuchten, uns lange genug voneinander fernzuhalten, damit wir drei, vier Stunden in einem Buch lesen konnten.

Irgendwann im Herbst sahen wir beide ein, dass das Ganze ziemlich lebensgefährlich war. Es war nicht mehr zu steigern. Es gab auch keinen richtigen Weg mehr zurück, ich meine zurück zu der Ebene, auf der man normale Gespräche miteinander führt.

Ich erinnere mich noch sehr genau an den Morgen, an dem sie fortging. Ich hatte ihr all ihre Sachen gepackt, sie selbst war dazu nicht fähig; der Abschied lähmte sie: Es war, als sei sie in letzter Sekunde auf etwas sehr Wichtiges gekommen, etwas ganz anderes, was noch zu tun war.

Aus Gott weiß welchem Grund, vielleicht weil sie viel zu tragen hatte, eine Menge Gepäck, das sich in zweieinhalb Monaten angesammelt hatte, hatten wir ein Taxi bestellt, und ich stand oben am Fenster und wartete auf seine Ankunft.

Warum stand ich nicht da unten, warum nahm ich nicht unten auf der Straße von ihr Abschied? Tja, das ist eine Sache, an die ich mich nach so vielen Jahren einfach nicht mehr erinnern kann. Eine einleuchtende Erklärung wäre natürlich, dass wir uns ganz fürchterlich gestritten hatten, aber das muss nicht so sein. Es kann auch irgendeine Abmachung gewesen sein.

Ich muss einen Moment in mein Zimmer gegangen sein, das weiß ich noch. Jedenfalls entdeckte ich, dass sie da etwas vergessen hatte, ihren Regenschirm, ihren kleinen, roten Regenschirm.

Ich weiß noch, dass ich aus dem Fenster rief: ›Soll ich ihn dir runterbringen?‹ Und sie antwortete: ›Wirf ihn einfach runter!‹

Es gibt solche Abschiede, ob man es glaubt oder nicht.«

»Ich glaube es«, sagte ich.

»Ist dir etwas Merkwürdiges an der topografischen Karte von Västmanland aufgefallen?«, sagte er, und ich war eigentlich nicht mehr überrascht.

»Nein. Wieso?«

Er ging ins Zelt und holte eine Karte, Västerås NV, wie es heißt, im Maßstab 1:50 000.

»Also, fast jeder der kleinen Seen hat einen unscheinbaren Zwilling, der ein Moor ist: Sieh mal, Acktjärn und gleich daneben das Acktjärn-Moor, Stora Grillsjön und das Grillsjö-Moor wie ein Schatten des Sees im Norden, überall findest du solch einen anspruchslosen Schatten eines Sees, der ein Moor ist. Es ist, wenn du so willst, der See, der einmal da war, der größere See, den es hier einmal gab.

Aber das Moor ist noch da. Unter dem Porst und dem Mädesüß und dem Wollgras und den Multbeerenbüscheln gibt es noch Wasser, obwohl es den Himmel nicht mehr so widerspiegeln kann, wie der See es tut.

Es ist noch da. Und dann? Was geschieht unter der Oberfläche? Was spiegelt ein See, der zum Moor geworden ist?«

»Sich selbst?«

»Oder einen anderen Himmel. Einen Torfhimmel? Hast du schon mal über die Pilze nachgedacht, wie sehr sie sich von den Phanerogamen unterscheiden? Sie sind der Erde viel näher, sie sind – wie soll ich sagen – dramatisch in ihrem ganzen Auftreten, mit all diesen eigentümlichen Giften, mit der Art, wie sie wachsen, blitzschnell über einige Nächte. Und mit der Art, wie sie sterben, wie ein Zerfall von innen her. Sie sehen noch ganz heil aus, nachdem sie längst gestorben sind.«

»Vergiss nicht, dass sie Fäden in der Erde hinterlassen, die ständig neue Körper treiben. Ein Myzel. Das Interessanteste am Pilz sehen wir fast nie. Es sind die unterirdischen Fäden.«

»Darüber habe ich auch schon nachgedacht.«

»Und wie ist es mit dir? Bist du lebendig oder tot?«

»Sie verschwand hinter dem Horizont. Ich habe sie noch ein paarmal gesehen, manchmal in Begleitung, manchmal allein. Dann hat sie irgendeinen Experten geheiratet, für Gott weiß was, und ist in die USA gegangen. Ich glaube, wir haben einige Briefe gewechselt, sie sind mir als ziemlich gleichgültig in Erinnerung.

Ich kehrte sozusagen zu dem Punkt zurück, an dem ich unterbrochen worden war. Ich glaube, das war damals sehr klug von mir.

Ich heiratete ein nettes Mädchen, wir bekamen Kinder. Sie ist jetzt übrigens mit einem Förster in dieser Gegend verheiratet. Es war eher sie, die das Interesse an mir verlor, als umgekehrt. Das war übrigens zur gleichen Zeit, als ich den Lehrerberuf aufgab.

Ja, dann kamen die Jahre in Athen. Sie waren ganz lustig. Weißt du, so ein Reisebüro ist ja der richtige Ort, um zu lernen, wie man Geschäfte mit den Griechen macht. Sie haben etwas andere Spielregeln als wir, es kostet ein bisschen was, das System kennenzulernen, aber wenn man beide Systeme beherrscht, kann man ganz lustige Sachen machen.

Die Gefahr bei einer solchen Situation ist natürlich, dass man zu gut lebt. Man trinkt ziemlich viel. Man lebt sich aus. Lässt sich in vielerlei Hinsicht gehen. Man wird genau wie die kleinen Dampfschifffahrtsagenten auf den Inseln in der Ägäis, kleine Fürsten, die von irgendeinem Café aus die Gegend regieren, wo sie hinter einer bescheidenen Theke stehen und ihre Gehilfen das Messing putzen lassen, während sie über Frachten, Häuserpreise und Zementtransporte nachdenken.

Plötzlich kann alles ganz leer werden. Verstehst du, das Schrecklichste ist für mich die Leere.

Weißt du, plötzlich raschelt ein Stück trockenes Papier im hartnäckigen Augustwind die Straße entlang, eine alte Zeitung, die jemand verloren oder weggeworfen hat. Die südlichen Länder, wo alles trocken ist, alles liegenbleibt, sind auf diese Art deutlicher als die nördlichen Länder, der Sommerwind raschelt in den Platanen. Man schaut für einen Augenblick auf und erschrickt über die eigene Leere, man fragt sich, was man eigentlich tut. Verstehst du?«

Die letzte Frage stellte er mit solchem Nachdruck, fast herausfordernd, dass ich unruhig wurde. Sogar der Junge zuckte im Schlaf zusammen. Ich begann ernsthaft zu überlegen, ob es nicht Zeit wäre, ihn zu wecken und nach Hause zu fahren.

Dann wurde mir klar, wie kindisch dieser Fluchtimpuls war, wie sehr von meinen eigenen Schwächen diktiert, und ich antwortete:

»Natürlich verstehe ich das. Ich rede mir sogar manchmal ein, dass es solche Augenblicke sind, in denen wir der Wahrheit ins Auge sehen.«

»Wie meinst du das?«

»Stell dir vor, wenn gerade eine solche Leere die Wahrheit über die Welt wäre? Nimm zum Beispiel diesen See. An manchen Tagen, wenn ich traurig bin, spaziere ich zum Strand hinunter. Die Felsblöcke liegen dort draußen, riesig und schwer, jeder wie eine Behauptung, die nicht zu widerlegen ist – und in solchen Augenblicken sehe ich, dass der See schon immer traurig war. Die natürliche Welt ist so.

Nur *wir* versuchen, einen Sinn zu schaffen.«

Für eine Weile wurde es still. Dann fuhr er plötzlich in seiner Erzählung fort.

»Ich glaube nicht, dass ich in den letzten zehn Jahren auch nur einen Augenblick an sie gedacht hatte, als sie plötzlich in mein Büro in Athen kam. Sie wollte ihr Ticket umbuchen lassen. Ich war in einem der hinteren Zimmer und hörte einen meiner Assistenten dort draußen mit ihr herumstreiten; er versuchte ihr zu erklären, dass man bei einer Charterreise den Flug nicht so einfach verschieben kann.

Ich telefonierte gerade, ich glaube, mit Stockholm, als ich plötzlich ihre Stimme dort draußen hörte. Sie ist ziemlich tief und war schon immer ein wenig schleppend. Es ist eine Stimme, die man nicht so leicht verwechseln kann.

Ich ging hinaus wie ein Schlafwandler, und da stand sie. Offensichtlich war sie verheiratet, zumindest trug sie einen Ehering, und ebenso offensichtlich war sie mit einem Typen da, der nicht ihr Ehemann war. Ich schrieb dann die Tickets sofort um. Jetzt wollten sie also noch eine Woche bleiben. Sie wollten nach Poros hinüber. Ich sagte ihnen, dass es gar nicht so einfach sein würde, mitten in der griechischen Osterzeit auf Poros ein Hotel zu finden. Ich bat sie um ihre Hoteladresse in Athen, um sie benachrichtigen zu können. Der Typ wirkte völlig unbedeutend auf mich, einfach so ein flotter Schnösel.

Ich konnte sie noch fragen, wie es ihr ginge. ›Gut‹, sagte sie, ›das siehst du doch.‹

›Wie schön‹, sagte ich. ›Schade, dass wir es nicht mehr schaffen, uns zu einem Gläschen zusammenzusetzen. Wir könnten ins Syntagma gehen und einen Kaffee trinken.‹

›Das geht nicht‹, sagte sie. ›Wir sind um vier Uhr mit Bekannten verabredet.‹

›Aber schade ist es schon, nach all diesen Jahren‹, sagte ich.

Ich war wie üblich der letzte im Büro, sah noch einige Sachen durch, die ich immer durchzusehen pflegte. Fernschreiben und Merkzettel und Buchungen: Ich hatte mich mit einem Jungen zum Tennis verabredet, der oft auf den Tennisplätzen der Universität spielte. Ich erinnere mich, dass ich dachte, ich sollte vorher noch ein Butterbrot essen und lieber noch ein bisschen warten, bis der schlimmste Verkehr sich beruhigt hätte.

Es klopft an der Tür. Ich mache auf. Es ist der Hausmeister.

›Da ist eine schrecklich hartnäckige Dame, die nach Ihnen fragt‹, sagte er. ›Ich habe ihr gesagt, dass Sie um vier zumachen und dass sie morgen wiederkommen soll. Aber es hilft alles nichts. Sie drängt sich einfach herein. Kennen Sie sie?‹

›Eigentlich nicht‹, sagte ich.

Ich hörte die Uhr ticken. Ich sah den Telexapparat an, der still und schweigend unter seiner Schutzhaube dastand. Ich sah die Schreibmaschine an. Ich weiß noch, dass ich dachte: Aha, es gibt also wirklich Augenblicke, die über ein ganzes Leben entscheiden können.«

»Und dann?«

»Dann ging ich zur Tür und machte sie auf. Es war, als würde ich ein Schleusentor öffnen.

Wir fuhren zu ihrem Hotel und holten ihre Sachen. Es war ein bisschen problematisch, sie in meine Wohnung einziehen zu lassen, da ich eine griechische Freundin dort wohnen hatte; wir borgten für einige Tage die Wohnung eines Bekannten.

Ja«, sagte er und schaute etwas zerstreut auf die Uhr, »wenn sie nicht den Zug genommen hat, müssten wir sie bald wieder hier haben.«

»Verschwindet sie oft auf diese Art?«, fragte ich.

»Für sie ist es manchmal sehr schwierig, das auszuhalten. Für mich auch. Es ist, ehrlich gesagt, ziemlich belastend, so wahnsinnig abhängig voneinander zu sein, wie wir es sind. Manchmal läuft sie davon, manchmal gehe ich.«

»Es gibt einen Willen, allein zu sein«, sagte ich, etwas dümmlich. »Ich meine« – und machte dadurch die Dummheit noch größer, glaube ich – »es gibt sogar einen Willen, unglücklich zu sein.«

»Ich glaube, du hast das Ganze doch nicht richtig verstanden«, sagte er.

»Irgendwie meine ich, dass wir in getrennten Welten leben«, sagte ich.

Ich fand, das sei eine höfliche Art, das Thema zu beenden.

Als der Junge aufwachte, streckte er die Arme in die Luft und gähnte laut. Er brauchte eine Weile, bis er begriff, wo er war. Er ging hinter einen Busch, um zu pinkeln, und blieb länger weg als erwartet.

Zugleich legte ein Kanu in der Bucht an, direkt neben meinem Boot. Es tauchte fast wie eine Geistererscheinung aus dem Augustdunkel auf.

Ich war schon unten am Ufer.

Ich grüßte höflich. Sie war kleiner, als ich sie mir vorgestellt hatte. Eigentlich gar nicht besonders schön. Sie behandelte mich mit höflicher Gleichgültigkeit.

Dann kam der Junge, wir verabschiedeten uns und schoben das Boot hinaus.

Es dauerte eine Weile, die alte Archimedes E 4 in Gang zu bringen.

Ich zog mehrmals an der Startschnur, und unterdessen saß Joen da und ließ in den Pausen etwas in seiner rechten Hand klappern.

»Womit klapperst du?«, fragte ich.

»Mit den Geldstücken, natürlich. Den Ein-Kronen-Stücken, die ich im Winter unter dem Stein versteckt habe, als wir auf der Schlittschuhwanderung Rast machten.

Ich habe sie mir wiedergeholt.«

Ich frage mich oft, wo überall am See er solche Münzen versteckt haben mag.

Erste Liebe in Dalarna

Ingmar Bergman

An einem warmen Tag im Hochsommer schickte mich Lalla zu einer Sennhütte auf der anderen Seite des Flusses hinter der Heide. Dort wohnte das ganze Jahr über eine alte Frau, die Liss-Kulla hieß, aber Tante genannt wurde. Sie war eine mythische Person, die wegen ihres medizinischen Geschicks und ihrer Käseherstellung hohes Ansehen genoss. Ein paar Jahre lang war sie geistesgestört gewesen. Statt sie ins Irrenhaus nach Säter zu schicken, was für eine Familie als Schande angesehen wurde, sperrte man sie in einen Schuppen auf dem Hof. Manchmal hörte man ihr Gebrüll im ganzen Dorf. Eines frühen Morgens stand sie vor Våroms. Zwischen den Händen hielt sie ein Taschentuch wie ein Tablett und verlangte von Großmutter vier Kronen, die sie auf das Taschentuch legen sollte. Wenn sie das Geld nicht bekäme, würde sie Reisig auf dem Weg aufhäufen. Dann würden sich Kreuzottern sammeln und die Kinder in die nackten Füße beißen. Großmutter sprach mit Liss-Kulla, forderte sie auf, einzutreten und bewirtete sie. Dazu bekam sie ihr Geld. Liss-Kulla rief Gottes Segen auf uns herab, streckte meinem Bruder die Zunge raus und entfernte sich mit stapfenden Schritten.

An einem kalten Wintertag versuchte sie, sich in der Nähe von Bäsna im Grådan-Fluss zu ertränken. Einige Männer auf der Fähre entdeckten sie und zogen sie aus dem Wasser. Später wurde sie wieder ruhig und vernünftig, sprach aber nicht viel. Sie zog sich in die Sennhütte zurück, wo sie im Sommer für das Vieh verantwortlich war. Im Winter webte sie Tücher und bereitete Säfte aus Heilkräutern, von denen es hieß, sie seien weit besser als das Gebräu des Kreisarztes.

Der Tag war heiß. Ich badete im schwarzen Wasser des Svartsjön, in dem die Seerosen auf einem Dickicht aus Stengeln aus der Tiefe stiegen. Das Wasser war immer eisig kalt, und man hielt den See für bodenlos. Angeblich führte ein unerforschter unterirdischer Kanal zum Fluss. Ein Junge, der im Svartsjön ertrunken war, wurde ein paar Monate später an der Lenzpumpe am Solbacken hängend gefunden. Er hatte den Magen voller Aale, sie ragten ihm aus Mund und Hinterteil.

Ich nahm den Weg über das Moor. Das war verboten, aber ich kannte den Pfad. Es duftete scharf, und das braune Wasser warf zwischen den Zehen Blasen. Eine kleine Wolke aus Fliegen und Bremsen folgte mir.

Die Sennhütte lag am Waldrand unter dem Bergrücken. Die Viehweiden verliefen wellenförmig auf dem südlichen Abhang. Im Norden stieg der Urwald zum Berg empor. Sennhütten, Scheunen und Wohnhäuser waren gut in Schuss und rot gestrichen, die Ziegeldächer frisch gedeckt, die Blumenbeete gepflegt. Die Verwandten Liss-Kullas waren wohlbestallte Bauern, und jetzt, wo Tante zur Vernunft gekommen war, fehlte es ihrer Ehre an nichts.

Die alte Frau war hochgewachsen, hatte in der Mitte gescheiteltes Haar mit grauen Strähnen. Ihr Blick war dunkelblau. Das Gesicht verriet Kraft. Sie hatte einen langen Mund, eine große Nase, eine breite Stirn und abstehende Ohren. Sie lief mit bloßen Armen und Beinen herum, stand auf dem Hof und sägte Holz. Märta hielt das andere Ende der Säge fest.

Ich erfuhr, dass Märta in die Sennhütte gezogen war, um Liss-Kulla bei der Arbeit mit dem Vieh und anderen Beschäftigungen gegen ein bescheidenes Entgelt zur Hand zu gehen.

Ich saß am Klapptisch vor dem Fenster und bekam schwarzen Johannisbeersaft und Butterbrote. Liss-Kulla und Märta standen am Küchenherd und tranken gebrühten Kaffee. Das enge, heiße Zimmer roch nach saurer Milch. Überall krochen und surrten Fliegen. An den schmierigen Fliegenfängern regte sich ein schwarzer, stiller Brei.

Liss-Kulla fragte nach dem Gesundheitszustand von Fräulein Nilsson und Frau Åkerblom. Ich erwiderte, es gehe beiden gut. Man packte den gewaltigen Laib Käse in meinen Ranzen, ich gab beiden die Hand, verbeugte mich und bedankte mich für die Bewirtung. Dann sagte ich Auf Wiedersehen. Aus irgendeinem Grund begleitete mich Märta ein Stück.

Obwohl wir gleichaltrig waren, überragte mich Märta um einen halben Kopf. Sie war breit und knochig, hatte kurzgeschnittenes gerades Haar, das vor Sonne und Baden fast weiß war. Ihr Mund war schmal und breit. Wenn sie lachte, fand ich, dass die Mundwinkel bis zu den Ohren reichten. Beim Lachen entblößte sie starke weiße Zähne. Ihr Blick war hellblau und gleichsam erstaunt, die Augenbrauen hell wie das Haar, die Nase lang und gerade mit einem kleinen Höcker an der Spitze. Sie hatte kräftige Schultern, keine Hüften, Arme und Beine waren lang und braungebrannt und mit goldenem Flaum bedeckt. Sie roch nach Scheune und scharf wie das Moor. Ihr Kleid war einmal blau gewesen, aber ausgewaschen und ausgefranst. Unter den Armen und zwischen den Schulterblättern war es dunkel vor Schweiß.

Die Liebe kam augenblicklich – wie zwischen Romeo und Julia. Der Unterschied war nur, dass es uns nie einfiel, einander zu berühren, geschweige denn zu küssen.

Unter dem Vorwand zeitraubender Arbeiten verschwand

ich frühmorgens von Våroms und kam erst nach Anbruch der Dämmerung zurück. Dies ging ein paar Tage so. Schließlich fragte mich Großmutter geradeheraus, was los sei, und ich gestand. In ihrer Weisheit gab sie mir unbegrenzten Urlaub von neun Uhr morgens bis neun Uhr abends. Sie sagte mir auch, dass Märta jederzeit in Våroms willkommen sei, eine Freundlichkeit, die wir nur selten ausnutzten, da Märtas jüngere Brüder schnell unsere Leidenschaft erkannt hatten. Eines Nachmittags, als wir uns zum Gimän hinuntergewagt hatten, um zu angeln, und dicht nebeneinander saßen, ohne uns zu berühren, tauchte eine Horde kleiner Rowdies aus einem Busch auf und sang: »Die Qualle durch das Weltmeer segelt, es quietscht, wenn man im Wasser vögelt.« Ich stürzte mich sofort auf die Bande und schlug mich nach Kräften, bezog aber reichlich Prügel. Märta kam mir nicht zu Hilfe. Sie wollte vermutlich sehen, wie ich mich aus der Affäre zog.

Sie sprach nicht; ich war es, der sprach. Wir berührten einander nie, aber wir saßen, lagen oder standen dicht beisammen, leckten unsere verschorften Wunden und kratzten unsere Mückenstiche, badeten bei jedem Wetter, aber schüchtern und ohne unsere Nacktheit zu betrachten. Ich half auch bei der Arbeit in der Sennhütte, so gut ich konnte, aber vor den Kühen hatte ich etwas Angst. Der graue Hund bewachte mich außerdem eifersüchtig und schnappte nach meinen Beinen. Manchmal wurde Märta ausgeschimpft. Die Tante nahm es mit einmal auferlegten Arbeiten sehr genau. Einmal bekam Märta eine Ohrfeige und weinte wütend. Ich konnte sie nicht trösten.

Sie war stumm, und ich sprach. Ich erzählte, mein Vater sei nicht mein richtiger Vater. Ich sei der Sohn eines berühmten Schauspielers namens Anders de Wahl. Pastor Bergman hasse mich und verfolge mich, und das müsse man verstehen. Meine Mutter liebe noch immer Anders de Wahl und besuche alle seine Premieren. Ich hätte ihn einmal vor dem Theater kennengelernt. Er habe mich mit Tränen in den Augen angesehen und mich auf die Stirn geküsst. Dann habe er mit seiner wohlklingenden Stimme gesagt, Gott segne dich, mein Kind. »Märta, du kannst ihn bei der Neujahrsansprache im Radio hören! Anders de Wahl ist mein Vater, und ich werde gleich nach der Schule Schauspieler beim Dramatischen Theater werden.«

Ich habe Großmutters altes Fahrrad über die Eisenbahnbrücke geschleppt. Wir fahren im Zickzack auf den Pfaden weiter und auf den gewundenen Waldwegen. Märta tritt in die Pedale, ich sitze auf dem Gepäckträger und halte mich mit erstarrenden Fingern an den Federn des Sattels fest. Wir besuchen eine Erweckungsversammlung in Lännheden. Märta ist gläubig und singt die trostreichen Lieder mit kräftiger Stimme. Ich kann meine Unlust nicht beherrschen. Ich hasse Gott und Jesus, vor allem Jesus, der mit seinem Tonfall so ekelhaft ist, mit seinem schmierigen Abendmahl und seinem Blut. Gott gibt es nicht. Niemand kann beweisen, dass es ihn gibt. Wenn es ihn gibt, ist er ein offenkundig widerlicher Gott, kleinlich, nachtragend und parteiisch, bitte sehr! Lest nur das Alte Testament, da ersteht er in all seinem Glanz. Und der hier soll der Gott der Liebe sein, der die Menschen liebt. Die Welt ist doch ein Scheißloch, wie Strindberg sagt!

Der Vollmond steht weiß über dem Bergrücken. Der Nebel, der aus dem Waldteich aufgestiegen ist, ist reglos. Die Stille wäre vollständig, wenn ich nicht so viel reden würde. Ich bin gezwungen, Märta zu sagen, dass ich mich vor dem Tod fürchte: Ein alter Pastor der Gemeinde ist plötzlich gestorben. Am Tag der Beerdigung lag er in dem offenen Sarg. Die Gäste tranken Wein und knabberten im Nebenzimmer an Keksen. Es war warm. Die Fliegen umsurrten die Leiche. Sein Gesicht war mit einem weißen Tuch bedeckt, da die Krankheit den Unterkiefer und die Oberlippe weggefressen hatte. Durch den schweren Duft der Blumen hindurch spürt man einen süßlichen Gestank. Plötzlich richtet sich der verfluchte Pfarrer auf, reißt das fleckige Tuch weg und zeigt ein verwesendes Gesicht. Dann fällt er zur Seite, der Sarg kippt um, und alles landet auf dem Fußboden. Dann kann man sehen, dass die Pastorenfrau dem Pimmel des Pastors einen Goldring übergestreift und ihm einen Fingerhut ins Arschloch gesteckt hat. Das ist wahr, Märta, ich war selbst dabei, und wenn du mir nicht glaubst, kannst du meinen Bruder fragen, der auch dabei war, aber er wurde natürlich ohnmächtig. Nein, der Tod ist scheußlich, man weiß ja nicht, was danach kommt. Das, was Jesus da sagt, dass es im Haus seines Vaters viele Wohnungen gebe, daran glaube ich nicht. Außerdem bedanke ich mich herzlich. Wenn ich es endlich geschafft habe, den Wohnungen meines Vaters zu entkommen, möchte ich nicht bei jemandem einziehen, der vermutlich noch schlimmer ist. Der Tod ist ein unlösbares Entsetzen, nicht weil er weh tut, sondern weil er voller schrecklicher Träume ist, aus denen man nicht erwachen kann.

Eines Tages regnet es. Es ist ein Dauerregen, strömend, glucksend. Die Tante ist bei einer Nachbarin zu Besuch, die von Magenschmerzen gequält wird. Wir sind allein in dem engen, warmen Raum. Die Dämmerung ist sanft, der Regen umrändert die kleinen Fenster, und oben auf dem Dachboden raunt es. »Wenn dieser Regen vorbei ist, wirst du sehen, dass es richtig Herbst wird«, sagt Märta. Mir geht plötzlich auf, dass die Tage gezählt sind, dass die Unendlichkeit ein Ende hat, dass die Scheidung bevorsteht. Märta beugt sich über den Tisch. Ihr Atem riecht nach süßer Milch: »Um Viertel nach sieben geht ein Güterzug von Borlänge ab«, sagt sie. »Ich kann hören, wenn er abfährt. Dann werde ich an dich denken. Du hörst und siehst, wenn er Våroms passiert. Dann musst du an mich denken.« Sie streckt ihre breite, braungebrannte Hand mit den schmutzigen, abgebissenen Fingernägeln vor. Ich lege meine Hand auf ihre, sie umschließt sie. Ich bin endlich still, da eine übermächtige Trauer mich stumm gemacht hat.

Der Herbst kam, und wir waren gezwungen, mit Schuhen und Strümpfen zu gehen. Wir halfen bei der Rübenernte, die Äpfel reiften, der Frost kam, und am Himmel und auf der Erde wurde alles wie Glas. Der Tümpel vor dem Guttemplerlokal bekam eine dünne Eisschicht, und Märtas Mutter begann zu packen. Das Sonnenlicht war am Tage heiß, gegen Abend wurde es bitter kalt. Die Äcker waren aufgepflügt, und in den Scheunen lärmten die Dreschmaschinen. Wir halfen manchmal mit, machten uns aber auch gern aus dem Staub. Eines Tages liehen wir uns Berglunds Boot, um mit der Schleppangel Hechte zu fischen. Wir zogen einen großen Hecht aus dem Wasser, der mich in den Finger biß. Als Lalla den Hecht aufschnitt, fand sie im Magen einen Ehering. Mit einem Vergrößerungsglas konnte Großmutter erkennen, dass der Name Karin in den Ring eingraviert war. Vater hatte vor ein paar Jahren oben bei Gimmen seinen Ehering verloren. Es musste trotzdem nicht derselbe Ring sein.

An einem nasskalten Morgen hat uns Großmutter zum Kaufmannsladen befohlen, der auf dem halben Weg zwischen Dufnäs und Djurmo liegt. Wir können mit dem Sohn von Berglund mitfahren, der den gleichen Weg hat, um ein altes Pferd zu verkaufen. Wir sitzen hinten auf der Ladefläche. Es geht nur langsam und holprig auf der Straße mit den vielen Regenlöchern voran. Wir zählen die Autos, die uns überholen oder uns entgegenkommen. In zwei Stunden sind es drei Autos. Im Kaufmannsladen packen wir die Ranzen voll und kehren zu Fuß nach Hause zurück. Als wir bei dem alten Fähranleger angekommen sind, setzen wir uns auf einen an Land getriebenen schwarzen Flößerstamm, trinken Limonade und essen Butterbrote. Ich spreche mit Märta über das Wesen der Liebe. Ich erkläre, dass ich nicht an ewige Liebe glaube, dass die Liebe der Menschen Egoismus sei, das hat Strindberg im *Pelikan* gesagt. Ich behaupte, dass die Liebe zwischen Mann und Frau meist Wolllust sei. Ich erzähle von einer schönen, aber fetten Dame, die meinen Vater jeden Donnerstagabend nach dem Abendmahl in der Sakristei liebt.

Die Limonade ist ausgetrunken. Märta wirft die Flasche in den Fluss. Ich spreche über die tragischen Liebespaare der Literatur und prahle – ein bisschen vorsichtig – mit meiner Belesenheit. Plötzlich spüre ich Beklemmung. Ich bin fast schwindelig im Kopf und frage Märta verlegen, ob ich zu viel redete. Nein, durchaus nicht, erwidert sie und schüttelt ernst den Kopf. Ich bleibe still und überlege, ob ich mit meinen erotischen Erlebnissen angeben soll, aber mir wird zunehmend übel. Ich frage mich, ob die Limonade vergiftet gewesen ist. Ich muss mich am Wegesrand ins Gras legen. Ein feiner, eiskalter Regen beginnt zu strömen. Das Flussufer auf der anderen Seite wird im Dunst ausgelöscht.

Eines Nachts kam der Schnee. Der Fluss wurde noch schwärzer, das Grün und alles Gelbe verschwanden. Der Wind nahm ab, es wurde still, übermächtig. Obwohl es beinahe Dämmerung war, blendete das Weiße, da es von unten kam und dort traf, wo das Auge ungeschützt ist. Wir gingen auf dem Bahndamm auf das Guttemplerlokal zu. Die graue Säge hockte verlassen und gedrückt unter der Last des Weißen. Der Teich gurgelte gedämpft, in der Nähe der geschlossenen Schleusenpforten lag eine dünne Eisschicht auf dem Wasser.

Wir konnten nicht sprechen, wagten uns auch nicht anzusehen. Der Schmerz war zu groß. Wir gaben uns die Hand und sagten Auf Wiedersehen, vielleicht sehen wir uns im nächsten Sommer.

Dann wandte sie sich hastig ab und begann, auf das Haus zuzulaufen. Ich ging auf dem Bahndamm nach Våroms zurück und dachte, wenn jetzt ein Zug kommt, kann er mich ruhig überfahren.

Wenn die Wolken, von Stürmen geschlagen – Mit Rilke in Schonen

Thomas Steinfeld

Wer hinter der Öresundbrücke nicht nach links abbiegt, wer nicht nach einer langen Fahrt auf der Europastraße 4, mit allen anderen Fahrzeugen stets ein wenig jenseits der zulässigen Höchstgeschwindigkeit dahineilend, im Schatten der stacheligen Fichten verschwindet oder gar in das Reich der Schneekönigin vordringt – wer also ganz im Süden Schonens bleibt, der stößt auf eine andere Landschaft. Vor ihm öffnet sich eine Gegend, die so flach ist wie die großen Ebenen Ostfrieslands oder der Normandie. Vor fünfzehntausend Jahren gehobelt und gebügelt durch tausend Meter dickes Eis, liegt diese Landschaft fast ohne Wald und ganz ohne Höhenzüge da. Nur der Horizont gibt dem Auge einen Halt. Und oft ist nicht einmal diese Linie zu erkennen, denn dann sind feine, verschwimmende graue oder blaue Farbbänder am Rand der sichtbaren Welt aufgezogen. Oder es ist neblig, es ist dunstig, es schneit, und oft regnet es auch nur. Himmel und Erde ziehen dann ineinander und lassen einen Raum entstehen, von dem nicht mehr gesagt werden kann, wie weit oder wie groß er tatsächlich ist, ob dieser Raum eine Zelle oder Unendlichkeit oder unendliche Zelle ist.

Hierhin verschlug es im Juni 1904 den wandernden deutschen Dichter Rainer Maria Rilke. Er hatte von den skandinavischen Ländern geschwärmt, von ihrer Weite und von der Einsamkeit, die eines jeden Menschen Schicksal sei, ebenso unausweichlich wie traurig und herrlich. Eine Freundin, die schwedische Pädagogin Ellen Key, die Verkünderin des »Jahrhunderts des Kindes«, die »gute Tante« oder das »Reichsgewissen«, hatte ihm schließlich ein Obdach für ein paar Monate auf Borgeby Gård, einer Burg wenige Kilometer nördlich von Malmö, vermittelt, in einem Park am Fluss Lödde, mitten auf der großen Ebene gelegen. Der Großbauer Lars Persson von den weiten Feldern hinter Ystad hatte die ursprünglich mittelalterliche, immer wieder umgebaute Anlage im Jahr 1887 für seine Tochter erworben, die dort eine kleine, aber laute Künstlerkolonie zu sich geladen hatte. Beherrscht wurde diese Gruppe von Ernst Norlind, einem schwedischen Maler, der sich lange in Dachau aufgehalten hatte und nach Hause zurückgekehrt war, um jetzt auch die heimatliche Ackerlandschaft in dunklen Farben wiederzugeben. Aber auch die Jagd gefiel Ernst Norlind, nach Fasanen und nach Hasen, und das Feiern und das Trinken. Als Rainer Maria Rilke in Borgeby Gård angekommen war, soll es Ernst Norlind sehr schwergefallen sein, seine Tonart auf das vermeintlich nun verlangte »Cis Moll« umzustimmen.

Rainer Maria Rilke war, bettelarm wie meistens, aus Rom geflüchtet und hatte also gemeint, in den großen, heroischen Norden zu reisen. Aber er war in einem seltsamen Zwischenreich gelandet. Kaum, dass er etwas gedichtet hätte in jener Zeit. Aber unter seinem Balkon sollen sich, an einem milden Abend, lauter junge Frauen versammelt haben, um für ihn in einer mediterranen Szene mit verkehrten Rollen zu schwärmen. Ernst Norlind überredete daraufhin Rainer Maria Rilke zu einer nächtlichen Kahnfahrt mit den Verehrerinnen auf eben jenem Fluss namens Lödde – ein Name, in dem ein anderes, neueres Wort mitzuschwingen scheint, nämlich »lödder«, der Schaum, der Schweiß oder die Lauge. Miteinander sollen der Dichter, der Maler und die Damen einer absurden Verwechslung von südländischen und nordischen Verhältnissen gehuldigt haben, während die Enten sich, heftig mit den Flügeln schlagend, in Sicherheit brachten. Ellen Key befahl die beiden Herren daraufhin in den Park, um ihnen eine Vorlesung über Takt und Anstand zu halten.

Erst am Ende des Aufenthalts, er war fast schon wieder fort, fiel dem Dichter etwas ein, ein Gedicht an den Sturm.

Sturm

Wenn die Wolken, von Stürmen geschlagen,
jagen:
Himmel von hundert Tagen
über einem einzigen Tag –:

...

Dann bin auch ich an das rasende Rennen
eines rauchenden Rückens gebunden;
alle Dinge sind mir verschwunden,
nur die Himmel kann ich erkennen:

Überdunkelt und überschienen
lieg ich flach unter ihnen,
wie Ebenen liegen;
meine Augen sind offen wie Teiche,
und in ihnen flüchtet das gleiche
Fliegen.

Wie deutlich hier ist, dass Rainer Maria Rilke weiß, wo er sich befindet, und wie fern wirken Burg, Park und Apfelgarten von Borgeby Gård. Der glatzköpfige Maler Ernst Norlind mit dem gewaltigen weißen Bart, einst ein stolzer Mann mit großen Ambitionen, der Gatte der Gutsherrentochter Hanna Persson, der Herr über Burg und Park, wurde dann gegen Ende seines Lebens auch für den schwedischen Rundfunk entdeckt: Als Geschichtenerzähler von der großen Ebene im Süden brachte er es, den breiten Dialekt des Südens im Mund führend, zum »Wichtel des ganzen schwedischen Volkes«.

Im Laufe des zwanzigsten Jahrhunderts muss das Bild der Ebene sparsam und immer sparsamer geworden sein, es muss viele seiner ursprünglichen Mittel verloren und immer klarere Linien bekommen haben. Sie wurde gröber, unbeholfener, ihr fehlte bald die Brechung, die Hecke, das Dickicht, der kleine Hain zwischen den Feldern, der wild überwucherte Graben, der die Straße von der Landwirtschaft trennt. Große, doppelt bereifte Traktoren ziehen von März bis Oktober ihre breite Bahn, einen Pflug, einen Rechen oder einen Tank mit Gülle im Schlepp, und sie sind nicht das einzige, was diese Landschaft mit den großen Ebenen in Dakota, Missouri oder Arkansas verbindet. Deutlicher etwa noch ist die Ähnlichkeit im Winter, wenn der Wind den Schnee über die Ackerfurchen treibt, sodass deren einfache, geometrische Linien wie mit einer waagerechten Schraffur überzogen zu sein scheinen, und ein Diagramm entsteht, eine abstrakte Zeichnung, ein Entwurf ganz ohne Körper und Körperlichkeit.

Unauffällig ist diese Landschaft, und abseitig. Sie liegt nicht an den großen Verkehrswegen, die auch in Schweden meist von Süden nach Norden führen. Sie wirkt unbeschrieben. Das aber heißt nicht, dass die Geschichte in ihr keine Spuren hinterlassen hätte. Im Gegenteil: Nirgendwo auf der skandinavischen Halbinsel sind die Jahrtausende so gegenwärtig wie hier. Aber die Landschaft wird in jedem Frühjahr von Grund auf umgepflügt, sodass sie immer wieder von neuem einer gerade gewischten Tafel gleicht. »Slätten« heißt diese Gegend auf schwedisch, »die Ebene«, und weil auch diese Ebene ihr Klischee hat, gehört ein zweites Wort hinzu: »myllan«. Damit wird die schwarzbraune, krumige Erde bezeichnet, in der die Bewohner dieses Landstrichs angeblich mit beiden Gummistiefeln stehen – eine Erde, schwer und dunkel genug, um außerordentlich fruchtbar zu sein, und doch so leicht, dass ein Traktor, ein roter Massey Ferguson oder ein grüner John Deere mit Vierradantrieb, im ersten Gang betrieben, einen Pflug mit sechs Pflugscharen hindurchziehen kann.

Diese Ebene hat zwei deutliche Begrenzungen: das Meer, in das sie in einem halbrunden Bogen hineinragt, und jene Hügelkette, die Moräne, die sich von den bewaldeten Höhen des Kullaberg nördlich von Helsingborg bis zur Bergkuppe Stenshuvud südlich von Kristianstad zieht. In dieser Landschaft setzt sich die dänische Insel Seeland auf schwedischem Boden fort, und man bemerkt die Verwandtschaft an der Beschaffenheit des Bodens, an seiner landwirtschaftlichen Nutzung, an den kleinen Häusern aus gebranntem oder auch nur getrocknetem Lehm, am Gänsebraten im November und an der Vorliebe der Menschen für runde, verschliffene Vokale, die, wenn überhaupt, dann nur von weichen Konsonanten begleitet werden. Die große Ebene, schrieb Carl von Linné, gleiche »so sehr Deutschland und Dänemark, dass man sagen könnte, Schonen sei mit Gewalt aus den südlichen Ländern herausgeschnitten und zu Schweden gelegt worden«. Über diesem flachen Land wölbt sich an schönen Tagen der Himmel wie eine hohe, blaue Kuppel, ein Himmel, den es nur hier gibt.

Dies wusste Rainer Maria Rilke: Wenn es von der Erde wenig zu berichten gibt, wird der Himmel um so wichtiger. Dessen erster skandinavischer Meister war der dänische Maler Christoffer Wilhelm Eckersberg, der bei Jacques Louis David in Paris studiert hatte. Im Jahr 1818 an die Kopenhagener Kunstakademie berufen, lehrte er drei Generationen von dänischen Malern das Wolkenmalen. Und so innig wurde das Verhältnis dieser Maler zu diesem Himmel und seinem Licht, dass zum Beispiel Christoffer Wilhelm Eckersbergs Schüler Christian Kobke seinen obligatorischen, königlich finanzierten Studienaufenthalt in Italien nach kurzer Zeit abbrach, um nach Hause zurückzueilen und weiter das zu malen, was sich in der nächsten Umgebung der elterlichen Wohnung seinem Blick darbot: ein spärliches Kabinett, sauber gescheuerte Fußböden aus Fichtenholz, draußen im Hafen ein Segelschiff oder Felder und Hecken, domestizierte Natur, die Ruhe des Interieurs eben und die Ausdehnung einer befriedeten Häuslichkeit auf die Landschaft ringsum, so wie sie bis heute die Vorstellungen vom Leben auf den südskandinavischen Ebenen regieren. Und über allem wölbt sich der Himmel, an dem dann seit der Jahrhundertwende, nachdem sie ebenfalls das Malen im Freien gelernt hatten, auch die schwedischen Künstler weiterarbeiteten. Allen voran gilt das für Prinz Eugen, den Bruder des schwedischen Königs, auch er ein Maler von Wolken, Himmelsfarben, bäuerlichen Landschaften und niedrigen, langgestreckten Häusern. »Wenn man durch die Dörfer geht oder durch die im Rechteck gebauten Höfe«, schrieb der Prinz im Sommer 1936 über einen Aufenthalt im Südosten Schonens, »glaubt man fast, sich in Kulturen in Lund aufzuhalten« – und »Kulturen in Lund« ist ein Heimatmuseum, eines der größten seiner Art.

Die alten, vor der Mitte des neunzehnten Jahrhunderts errichteten Häuser sind niedrig, sie besitzen menschliches Maß, und selbst die größeren von ihnen sind so gebaut, dass man im Vorübergehen in ein beleuchtetes Zimmer oder gleich mehrere davon gucken kann. Allen gemeinsam ist das steile, ursprünglich strohgedeckte Dach, von dem der Regen schnell herabrinnt, und dessen kurze Überstände, damit der Wind den Aufbau nicht zu fassen bekommt. Und alle haben die gleiche Breite von fünf bis sechs Metern, denn längere Dachbalken waren nicht zu haben. In den kleinsten dieser Gebäude hauste einst das Schwein in einem Stall an der Straße, und das ganze Haus wurde nur von einem Herd in der Küche gewärmt, der Dachboden nur im Sommer zum Schlafen benutzt. Im Dunkeln und insbesondere bei schlechtem Wetter haben diese Häuser dann etwas von einem begehbaren Weihnachtskalender, und das Projekt des Lebens scheint zu sein, die weihnachtliche Stimmung über das ganze Jahr auszudehnen. »Oft, wenn ich durch die Straßen gehe«, schrieb Hans Christian Andersen über die sehr ähnlichen Verhältnisse auf der anderen Seite des Öresund, »kommt es mir vor, als ginge ich durch eine große Bibliothek. Hier steht eine Alltagsgeschichte, dort eine gute alte Komödie, wissenschaftliche Werke aus allen Gebieten, hier Schundliteratur und gute Lektüre. Ich kann über all diese Bücher fantasieren und philosophieren.« Hans Christian Andersen ist der Erfinder des sprechenden Hausrats. Dieser aber setzt den offenen Einblick und das niedrige Fenster voraus. Und erst als um die Mitte des neunzehnten Jahrhunderts in Schonen mit der industriellen Fertigung von Ziegeln begonnen wurde, hoben sich die Häuser über das Niveau der Straße, wurden breiter, erhielten Sockel und Ornamente, und als Spaziergänger einfach so ins Wohnzimmer hineingucken konnte man auch nicht mehr.

Acht Monate, von Anfang Oktober bis Ende April, liegt die große Ebene abweisend da, langweilig, düster, ein Einerlei von graubraunen Feldern, ein niedergedrücktes, lichtloses, gottverlassenes, altes, unendlich müdes Land. Blassgrün steht die Wintersaat auf den Feldern. Über die Äcker ziehen blauschwarze Wolken, von denen gewaltige Regenfahnen herunterhängen. Die Automobile kurven, in dichte Sprühwolken gehüllt, wie Kaninchen zwischen den Äckern herum und scheinen sich zu eilen, so bald wie möglich in irgendeinem Loch zu verschwinden. Noch schlimmer wird es, wenn es kalt ist und schneit. Der Wind bläst den Schnee dann flach über die offene Landschaft, sodass die Straße bald nicht mehr vom Feld zu unterscheiden ist, und dieser Schnee vermengt sich mit der Erde und zieht sich irgendwo und überall zu gewaltigen Wehen zusammen, die bald hart wie Zement werden und jeden Verkehr zum Erliegen bringen. Diesen Schneebergen muss man mit einer Hacke in der Hand entgegentreten.

Es gibt Wochen und Monate, im Herbst, im Winter, ja bis weit in den März hinein, in denen man sich kaum eine weniger einschmeichelnde Landschaft als diese vorstellen kann, Tage, an denen es nicht mehr hell werden will, an denen die Lampen noch zur Mittagszeit brennen, und das nicht nur, weil die Dämmerung schon vor vier Uhr hereinbricht, sondern weil das Licht nicht mehr durch Wolken und Nebel dringt. Manchmal scheint diese Landschaft am Ende der Welt zu liegen, ein dunkel überwölkter, windiger, kalter Randstreifen einer Halbinsel am Rande Europas. Den anspruchslosesten Reisenden überfällt bei solchem Wetter sogleich ein Gefühl tiefer Niedergeschlagenheit. Und es kann ihm kein Trost mehr sein, dass die schwedischen Zirkustruppen ihre Winterlager in dieser Gegend aufzuschlagen pflegten, mit ihren Tigern und Elefanten, den russischen Gewichthebern und den chinesischen Trapezkünstlerinnen, denn ihnen ging es auch nicht gut. Die Einheimischen versuchen sich zu helfen, indem sie allerhand Kerzen und Lampen in die Fenster rücken, als Zeichen der Wärme, des Lichtes und der Gemeinschaft. Tatsächlich aber vergrößern diese Leuchtsignale der Gemütlichkeit, vor allem, wenn sie in großer Zahl aufgestellt werden, jene Empfindung von Verlassenheit, und am Ende unterscheiden sie sich in ihrer Wirkung nicht vom Effekt der in allen Ortschaften errichteten, orange-gelb strahlenden Natriumlaternen, die mit ihrem fahlen Schein alle Farben verfälschen.

In der dunklen Jahreszeit bindet dann allein der Schmutz, der aufgeweichte Boden, die fetten, klumpigen Lehmspuren der Traktoren auf dem Asphalt. Dann hält die klebrige Erde fest, die von den Feldern, die ohne Graben, ohne Böschung, ja ohne einen Streifen dünnen Grases in den Schotter übergehen, in breiten Schlieren heruntergespült wird. »In diesem Lehm werde ich herumstapfen, bis ich falle«, denkt sich Kurt Wallander, und der Satz ist wahrscheinlich nicht metaphorisch gemeint. Denn es ist nicht nur schwierig, sich vorzustellen, dass man sich hier je wohlbefinden werde, sondern auch, dass man diese kalte, glitschige Schwere je wieder wird abspülen können. Es ist nur der Dreck, die Erde, der Acker, der die Welt zusammenhält – in einem hässlichen, traurigen, schmutzig schweren Eingebundensein.

In der Nähe der Siedlungen nisten die Krähen. Am liebsten tun sie das in den Kronen der Ulmen, den gewaltigen Bäumen, die hier einst noch viel zahlreicher als heute waren.

In Schonen wie auf der ganzen Welt sind sie nun von einem tödlichen, die Kapillargefäße der Bäume verschließenden und von Flugkäfern verbreiteten Virus befallen und werden immer weniger, um bald ganz zu verschwinden. Wie ein zweites Volk wohnen die Krähen dort über den Menschen. Diesen an Zahl weit überlegen, hocken sie in Scharen auf ihren Zweigen unter dem tiefen Himmel und zucken mit ihren Köpfen in alle Richtungen, und wenn sie krächzen, dann scheinen sie nicht nur miteinander zu sprechen, sondern von Grund auf mit ihrer Welt im Einklang zu sein, planvoller, selbstbewusster, weil gemeiner und unbehauster, schamloser und freier als die Erdbewohner, die sich in ihre niedrigen Wohnungen ducken müssen. Selma Lagerlöf meinte, die Krähen hätten schmutzige Füße, in ihren Mundwinkeln hingen Futterreste, und überhaupt seien sie »Spitzbuben und Landstreicher« der übelsten Sorte. Aber sie irrt. Denn die Vögel entsprechen nicht nur der Landschaft, sie besitzen auch Gemeinsinn. Verlässt einer dieser Vögel sein hohes Nest, folgt ihm die ganze lärmende schwarze Schar nach, und wenn er zurückkehrt, dann verstummt sie mit ihm.

Noch in ihrer größten Einfalt sind die Vögel entschlossen und ungehemmt: Auf einmal setzen sie sich in den Kopf, im Schornstein eines dieser kleinen Häuser ihr Nest zu bauen, und die von überall herbeigeholten Halme und Zweige verschwinden in dem tiefen, rußig schwarzen Loch. Aber nie würden die Krähen innehalten, bevor nicht der ganze Kamin bis zum Kragen angefüllt ist mit ihrem unterdessen zu einer harten Masse verklebten Mist. Beliebt sind die Krähen nicht: Vor allem im Frühjahr, nach der Aussaat, sieht man auf den Feldern oft tote Vögel mit den Füßen nach oben an einer Art Galgen hängen, zur Abschreckung ihrer Artgenossen.

Weil der Westwind das wärmere Wasser von der Küste wegtreibt, werden die Birken auf der großen Ebene erst grün, wenn in Lund schon die Kastanien ausschlagen, und um so später, je weiter man nach Osten kommt, nach Ystad oder Simrishamn. Dann sind die Steine schon von den Äckern geholt, die im Winter aus dem Boden gewachsen sind. Aber wenn der Frühling kommt, ist er hastig. Er überwältigt; mit einem Schlag taucht er die Landschaft in Farbe: in das strahlend helle Grün des jungen Getreides, durch das sich bald die tiefgelben Streifen der Rapsfelder ziehen, in das dunklere, mattere Grün der jungen Zuckerrüben und Kartoffelpflanzen, in das Weiß und Schwarz der Häuser – und dahinter ist das Meer einfach nur blau, auf eine unendlich abgründige Weise blau.

Für sechzehn, siebzehn, im glücklichsten Fall achtzehn Wochen ist alles anders. In den Kiefernwäldern hinter den

Dünen riecht es nach sonnenerwärmtem Harz, hin und wieder weht der süßlich saure, schwere Geruch des am Strand vertrocknenden Tangs hindurch. Malven und Rosen bilden dichte rote, weiße, gelbe, violette Ringe um die alten Häuser, meterdick wirkt plötzlich ein jedes Grün, und betäubend ist der Duft der vielen Blumen. Unergründlich tief ist der Himmel, auf dem vor allem am Nachmittag eine dichte Reihe von vierstrahligen Düsenflugzeugen ihre Bahn zieht, erkennbar als wolkige, weiße Striche am blauen Himmel. Die Maschinen an der Spitze der Kondensstreifen lassen sich nur als winzig kleine, metallisch glänzende Punkte wahrnehmen, vom dicken Strich hinter ihnen durch eine kurze Unterbrechung der Linie getrennt. Immer von Südwesten nach Nordosten oder umgekehrt verlaufen diese Bahnen, von London nach Tokio oder von Amsterdam nach St. Petersburg. Oder vielleicht auch nur von Kastrup nach Kristianstad, aber in diesem Fall flögen sie nicht so hoch, und vier Düsen besäßen sie auch nicht.

Dann wird es Abend, und der unruhige Geist, der immer beschäftigt sein will oder wenigstens Inventur machen möchte, rührt sich nicht mehr und überlässt sich dem Staunen. Langsam verdunkelt sich das Blau eines Himmels, über den immer seltsamere, graurosafarbene Wolkengebilde treiben, und zwischen diesen leuchten die ersten Sterne und die Sichel des Mondes.

Ist das ein Himmel?
Selig lichtes Blau,
in das sich immer reinere Wolken drängen,
und drunter alle Weiß in Übergängen,
und drüber jenes dünne, große Grau …

Einen »Abend in Skåne« hat Rainer Maria Rilke dieses Gedicht genannt, in Erinnerung an seinen Aufenthalt auf Borgeby Gård. Er schreibt tatsächlich »Skåne«, nicht das deutsche Wort »Schonen«. Dieses Gedicht übrigens ist erst Wochen nach seiner Abreise aus der großen Ebene entstanden.

Das Licht. Es besitzt, vor allem wenn es vom Meer reflektiert wird, eine beinahe metaphysische Klarheit, es wirft tiefblaue Schatten, es schneidet ein jedes Ding aus seinem Hintergrund heraus, so als sei es gleichsam doppelt da, als Ding und Bild vom Ding vor dem Ding, mit einem scharf abgegrenzten dunklen Schatten zwischen beiden. Dann kommt ein Wind, der ganz sauber zu sein scheint, leicht und völlig transparent, und das weite Land erhält eine Freizügigkeit, eine ganz und gar unbeschwerte Deutlichkeit, sodass der Besucher eine ganze Weile glaubt, ihr nicht trauen zu dürfen. Der Betrachter schließt die Augen, prüfend, ob sich die Erinnerung an die Landschaft mit ihrer Gegenwart messen kann, und ist, wenn er sie wieder öffnet, doch sehr überrascht, dass die Gegenwart bei dieser Übung gewinnt. Die Landschaft hat dann, von den Schleiern der niedrigeren, dichteren Atmosphäre gleichsam befreit, beinahe etwas Übernatürliches. Man vergisst alles darin, auch sich selber.

Um so herber ist das Ende. Spätestens Ende August wird die Landschaft geschoren wie ein Schaf. Und wenn dann die letzten Sommergäste heimgezogen sind, wenn die Imbissbuden schließen, die kalte Feuchtigkeit des Herbstes aufzieht und sich die Felder wieder in ein unabsehbar großes, graubraunes Ödland verwandeln, stellt sich ein Gefühl der Lähmung ein. Als müsse man überwintern, nicht einen Winter lang, sondern unendlich viele, eine ganze Kette von Wintern, und ein Winter gehe von nun an ohne Pause, ohne Erholung in den nächsten über. Sieben Jahreszeiten gebe es, behauptet der schwedische Schriftsteller Torgny Lindgren über den Norden: Frühling, Sommer, Herbst – und die vier Winter. Und schließlich wird manchmal aus einem Sommer nichts, es gibt ihn einfach nicht, er fällt aus wie eine Schulstunde oder ein wegen Erkältung des Ersten Geigers abgesagtes Kurkonzert. Dann regnet es, Tag um Tag, Woche um Woche, und grüner war es nie, aber in den Äckern verfaulen die Kartoffeln, und die Flugzeuge sieht man nicht.

Wie Schweden aussieht

Mikael Niemi

An einem bewölkten Augustmorgen erklang die Glocke, und ich begann mit der Schule. Klasse eins. Feierlicher Einmarsch mit Mama in das große gelbgestrichene Holzgebäude, das die Grundschule beherbergte, eine alte Schule, die ganz fantasievoll Gamla Skolan getauft worden war.

Wir wurden knarrende Treppen hinaufgelotst, in ein Klassenzimmer im ersten Stock, gingen über breite, verblichene Bodenplanken mit einer glänzenden, dicken Lackschicht und wurden jeder auf unsere antike Schulbank mit Holzdeckel, Federmulde und Loch für das Tintenfass verwiesen. Überall waren die Messerspuren etlicher Schülergenerationen zu sehen. Die Mütter marschierten hinaus, und wir blieben zurück. Zwanzig Kinder mit wackligen Milchzähnen und warzigen Fingergelenken. Einige hatten Sprachfehler, andere Brillen, viele sprachen daheim Finnisch, eine ganze Menge war mit Prügeln erzogen worden, fast alle waren scheu, kamen aus Arbeiterheimen und wussten schon von Anfang an, dass sie nicht hierher gehörten.

Unsere Lehrerin war über Sechzig, trug eine runde Nickelbrille, einen Knoten im Nacken mit Netz und Haarnadeln und hatte eine lange, gekrümmte Nase, die ihr das Aussehen einer Eule verlieh. Sie trug immer einen Wollrock und eine

Bluse, oft eine Strickjacke dazu, die sie zur Hälfte zuknöpfte, und weiche, schwarze Schuhe, die an Pantoffeln erinnerten. Freundlich, aber entschlossen nahm sie ihre Pflichten wahr – die darin bestanden, aus diesen nur schlampig gesägten Holzscheiten etwas herauszuschnitzen, was in der schwedischen Gesellschaft zurechtkommen würde.

Zuerst mussten alle an die Tafel gehen und ihren Namen aufschreiben. Einige konnten es, andere nicht. Auf der Grundlage dieses wissenschaftlichen Tests teilte die Lehrerin die Klasse in zwei Gruppen ein, die Eins und Zwei genannt wurden. In Gruppe Eins landeten die, die die Prüfung bestanden hatten, die meisten der Mädchen sowie ein paar Beamtensöhne. In Gruppe Zwei landete der Rest, darunter ich und Niila. Und auch wenn wir erst sieben Jahre alt waren, saß der Stempel doch genau dort, wo er sitzen sollte.

Ganz vorn an der Decke hingen die BUCHSTABEN. Eine erschreckende Armee von Biegungen und Pfosten, von einer Wand bis zur anderen. Sie waren es, die wir einen nach dem anderen besiegen sollten, flach auf den Rücken in unser Schreibheft legen und zwingen, uns zu gehorchen. Wir bekamen auch Stifte und Kreide in einer Pappschachtel und ein Lesebuch über Li und Lo und eine steife Pappscheibe mit Wasserfarbenbröckchen, die aussahen wie bunte Karamellbonbons. Dann begann die Arbeit. Das Bankfach sollte mit Papier ausgelegt werden, die Bücher eingeschlagen, und es gab ein lautes Rascheln von Wachspapierrollen, die wir von zu Hause mitgebracht hatten, und ein eifriges Klappern stumpfer Schulscheren. Zum Schluss wurde der Stundenplan auf die Innenseite des Pultdeckels geklebt. Niemand verstand all diese mysteriösen Zeichen, aber der Stundenplan gehörte dazu, er war ein Teil von ZUCHT und ORDNUNG und bedeutete, dass die Kindheit vorbei war. Ab jetzt gab es die Sechs-Tage-Woche in der Schule von Montag bis Samstag, und am siebten Tag gab es für die, die immer noch nicht genug hatten, die Sonntagsschule.

Zucht und Ordnung, wie gesagt. Sich in die Schlange vor der Klassenzimmertür stellen, wenn es zur Stunde läutete. In Reih und Glied in die Schulkantine gehen, mit dem Fräulein an der Spitze. Die Hand heben, wenn man etwas sagen will. Die Hand heben, wenn man pinkeln muss. Die Löcher im Papier zum Fenster hin drehen. In die Pause gehen, wenn es klingelt. Sofort hereinkommen, wenn es wieder zur Stunde klingelt. Alles befohlen mit der gleichen ruhigen schwedischen Freundlichkeit, nur selten kam es vor, dass einem Frechdachs in der Zweiergruppe der Schopf von kräftigen Fräuleinfäusten gelupft wurde. Wir mochten unsere Lehrerin. Sie wusste wirklich, wie man erwachsen wird.

Ganz vorn am Lehrerpult stand die braune Pedalorgel. Sie wurde bei der Morgenandacht benutzt, bei der die Lehrerin sich auf den Hocker setzte und anfing zu treten. Ihre dicken Waden spannten sich in den beigefarbenen Kniestrümpfen, ihre Brille beschlug, sie spreizte ihre runzligen Finger über den Tasten und gab den Ton an. Ein zitternder Altfrauensopran mit strengem Seitenblick, um zu überprüfen, ob auch alle mitsangen. Das Sonnenlicht aus den Sprossenfenstern, golden und warm schien es über die nächststehenden Bänke. Kreidegeruch. Die Landkarte von Schweden. Mikael, der oft Nasenbluten hatte und dann mit zurückgelehntem Kopf und einem Stück Küchenrolle dasaß. Kennet, der nie wirklich still sitzen konnte. Annika, die flüsterte, wenn sie reden sollte, und in die alle Jungs verliebt waren. Stefan, der verdammt gut im Fußballspielen war, sich aber drei Jahre später an einem Baum auf der Skipiste Yllästunturi zu Tode fahren sollte. Und Tore und Anders und Eva und Åsa und Anna-Karin und Bengt – und wir alle anderen.

Als Bewohner von Pajala war man unterlegen, das wurde gleich als Erstes festgestellt. Im Atlas kam Skåne zuerst, in einem besonders großen Maßstab gedruckt, vollkommen verschwunden unter roten Strichen, die Straßen bedeuteten, und schwarzen Punkten, die Ortschaften markierten. Dann kamen die anderen Gebiete in normalem Maßstab, immer weiter nach Norden, je länger man blätterte. Und ganz zum Schluss kam Norra Norrland, gedruckt in einem besonders kleinen Maßstab, damit auch alles Platz hatte, und trotzdem gab es dort kaum Striche oder Punkte. Fast ganz oben am Rand der Karte lag Pajala, umgeben von braunfarbener Tundra, und dort wohnten wir. Blätterte man zurück, sah man, dass Skåne ebenso groß erschien wie das ganze Norra Norrland, dafür aber grün gefärbt war von verdammt reger Landwirtschaft. Es dauerte viele Jahre, bis ich das Maßstabssystem durchschaute und kapierte, dass Skåne, ja unser gesamter südlicher Landesteil von Küste zu Küste, Platz zwischen Haparanda und Boden finden würde.

Wir lernten alles über Kinnekulle, 306 Meter über dem Meeresspiegel. Aber kein Wort über Käymävaara, 348 Meter. Wir mussten Viskan, Ätran, Spyan und Gallan oder wie sie auch immer hießen, lernen, vier kolossale Flüsse, die das südschwedische Hochland entwässerten. Viele Jahre später sah ich sie mit eigenen Augen. Ich musste einfach anhalten, aus dem Wagen steigen und mir die Augen reiben. Gräben. Kleine Waldbäche, die kaum zum Flößen geeignet wären. Kaunisjoki oder Liviöjoki, größer waren sie nicht.

Die gleiche Fremdheit spürte ich auf dem Gebiet der Kultur. »Hast du Herrn Pfifferling gesehen?«, sollten wir singen. Die Frage konnte ich mit einem glatten Nein beantworten. Und Frau Pfifferling auch nicht, und auch sonst keine Verwandten von ihm.

Manchmal bekamen wir ein Heft von der Sparkasse, geschmückt mit einer betagten Eiche. Wenn man Geld sparte, wuchs es und wurde ebenso groß wie der Baum, so wurde uns gesagt. Aber um Pajala wuchs nirgends eine Eiche, deshalb war uns schnell klar, dass mit dieser Reklame etwas nicht stimmte. Das Gleiche galt für das Kreuzworträtsel in diesem Heft, in dem oft ein hoher, zypressenähnlicher Baum mit neun Buchstaben vorkam. Richtige Antwort: Wacholder. Obwohl doch der Wacholder bei uns nie so aussah, sondern nur ein spärlicher, wilder Busch in Kniehöhe war.

Die Musikstunden waren ein Ritual für sich. Die Lehrerin stellte ein plumpes Tonbandgerät auf das Pult, eine riesige Kiste mit Tasten und Drehknöpfen, legte vorsichtig ein Band ein und verteilte die Liederbücher. Dann spähte sie mit ihren Eulenaugen über die Klasse und schaltete den Strom ein. Die Spulen begannen den Magnetriemen zu drehen, und aus den Lautsprechern ertönte ein keckes Erkennungssignal. Anschließend war eine schnelle Frauenstimme mit Stockholmer Akzent zu hören. Mit eifrigen Rufen leitete sie die perfekten Musiklektionen! Die Schüler stammten aus der Nacka Musikskola, und noch heute weiß ich nicht, warum wir zuhören mussten, wie diese Südländer mit ihren klaren Engelsstimmen von Gänseblümchen und Schlüsselblumen und anderen tropischen Gewächsen sangen. Manchmal sang einer der Nacka-Schüler solo, und das Schlimmste war, dass einer der Jungen den gleichen Namen hatte wie ich.

»Mattias, sei so gut und wiederhole noch einmal die Melodiestimme«, zwitscherte die Dame, und ein mädchenähnlicher Jungssopran stimmte mit glockenklarer Stimme ein. Dann drehte sich die ganze Klasse um, starrte mich an und kicherte unter lautem, verächtlichem Schnauben. Ich hätte mich am liebsten in Luft aufgelöst.

Nach einigen pädagogischen Durchgängen sollten wir gemeinsam mit dem Band, dem Hesa-Fredrik-Ensemble und den Wiener Sängerknaben singen. In den Augen der Lehrerin erschien ein gefährliches Glitzern, und die Mädchen begannen leise wie der Wind in einer Gräserwiese zu summen. Aber wir Jungs saßen stumm wie die Fische da, und als der Radar der Lehrerin über uns hinwegfegte, bewegten wir die Lippen, mehr aber auf keinen Fall. Es war unmännlich zu singen. *Knapsu.* Also schwiegen wir.

Mit der Zeit wurde uns klar, dass unsere Heimat eigentlich gar nicht zu Schweden gehörte. Wir waren sozusagen nur aus Zufall dazugekommen. Ein nördlicher Anhang, ein paar öde Sumpfgebiete, in denen kaum Menschen lebten, die es kaum schafften, Schweden zu sein. Wir waren anders, ein bisschen unterlegen, ein bisschen ungebildet, ein bisschen arm im Geist. Wir hatten keine Rehe oder Igel oder Nachtigallen. Wir hatten keine Berühmtheiten. Wir hatten keine Achterbahnen, keine Verkehrsampeln, kein Schloss und keinen Herrensitz. Wir hatten nur unendlich viele Mücken, tornedal-finnische Flüche und Kommunisten.

Das war ein Aufwachsen im Mangel. Nicht in einem Mangel materieller Art, in der Beziehung hatten wir genug, um zurechtzukommen, sondern identitätsmäßig. Wir waren niemand. Unsere Eltern waren niemand. Unsere Vorväter hatten keinerlei Bedeutung für die schwedische Geschichte gehabt. Unsere Nachnamen konnten von den wenigen Referendaren, die aus dem richtigen Schweden zu uns kamen, nicht buchstabiert und schon gar nicht ausgesprochen werden. Keiner von uns traute sich, an »Upp till tretton« zu schreiben, da Ulf Elfving glauben könnte, wir wären Finnen. Unsere Heimatdörfer waren zu klein, um auf der Landkarte zu erscheinen. Wir schafften es ja kaum, uns selbst zu versorgen und nicht von der Sozialhilfe abhängig zu sein. Wir sahen, wie die bäuerlichen Familienbetriebe ausstarben und die Weiden von Unkraut überwuchert wurden, wir sahen die letzten Holzflöße auf dem Torneälv und dann keines mehr, wir sahen, wie vierzig kräftige Waldarbeiter von einem einzigen dieselstinkenden Scooter ersetzt wurden, wir sahen unsere Väter die Handschuhe an den Nagel hängen und fortreisen, für lange Wochen in die Gruben von Kiruna. Wir hatten die schlechtesten Ergebnisse im Standardtest im ganzen Reich. Wir hatten keine Tischsitten. Wir trugen auch im Haus Mützen. Wir suchten nie Pilze, vermieden Gemüse und hatten keine Krebsfeste. Wir konnten uns nicht ordentlich unterhalten, nicht deklamieren, keine Geschenke einwickeln oder eine Rede halten. Wir gingen mit den Füßen auswärts. Wir radebrechten auf Finnisch, ohne Finnen zu sein, wir radebrechten auf Schwedisch, ohne Schweden zu sein.

Wir waren nichts.

Es gab nur einen Ausweg. Eine einzige Möglichkeit, wenn man etwas werden wollte, und wenn es nur das Allergeringste war. Nämlich wegzuziehen. Wir lernten, uns darauf zu freuen, überzeugt, dass es die Chance unseres Lebens sei, und wir gehorchten. In Västerås würde man endlich ein richtiger Mensch werden. In Lund. In Södertälje. In Arvika. In Borås. Es kam zu einer riesigen Evakuierung. Einer Flüchtlingswelle, die unseren Ort leerte, und merkwürdigerweise als vollkommen freiwillig angesehen wurde. Ein unsichtbarer Krieg.

Die Einzigen, die aus dem Süden zurückkehrten, waren die Toten. Verkehrsopfer. Selbstmörder. Und mit der Zeit auch die Aidstoten. Schwere Särge, die in den gefrorenen Boden zwischen den Birken des Pajala-Friedhofs gesenkt wurden. *Kotimaassa*.

Mamsell Winlöfs Tischgesellschaft

Kerstin Ekman

Mamsell Alma Winlöf stellte am liebsten große, gesunde Mädchen mit kräftigen Beinen ein, muntere Mädchen. Sie liefen mit vollbeladenen Tabletts die Treppen rauf und runter und ließen die Türen offenstehen. In dem Durchzug schwebten der gelbe Zigarrenrauch, die Wärme und die Stimmen von Etage zu Etage. In den ersten Monaten hatte Tora das Gefühl gehabt, als trügen die Stimmen und die Wärme sie die Treppen hinauf, wie eine Hand unter dem Po. Dann hatte sie die Stiefel schiefgetreten. Der Schaft schlug Falten, das Leder war zu schwach und schlaff, es verlieh dem Spann keinen Halt. Jetzt wurden auch die Absätze schief, und sie spürte bis hinauf ins Kreuz, dass die Belastung nicht mehr richtig gelagert war.

Auf der ausgebreiteten rechten Hand hatte sie ein Tablett. Mit der Linken hatte sie drei Weinflaschen an den Hälsen gefasst. Es war ein fester und gewohnter Griff zwischen den Fingern. Sie konnte auf diese Weise vier Flaschen Bier tragen.

»Schick Serviererinnen und keine Schankkellnerinnen«, hatte der Großhändler einmal zur Restauratrice gesagt. Das hatte sie ihnen, grimmig und blass, während des Durchexerzierens erzählt. Im Augenblick aber war sie nicht da. Sie stand nicht wie sonst in einem schwarzen Seidenkleid unbeweglich am Büfett. Tora verlagerte das Körpergewicht auf den rechten Fuß, und die Hüfte schob sich vor.

Alexander Lindh sah, dass es dasselbe Mädchen war, das am Morgen in sein Kontor gekommen war. Alma hätte telefonieren können, doch das tat sie nicht gerne. In diesem Fall, so vermutete er, hatte sie einem Disput entgehen wollen.

»Mamsell Winlöf lässt grüßen und ausrichten, dass sie die Bestellung für das Essen heute abend nicht annehmen kann, wenn es nicht im Restaurant stattfindet!«

Das Mädchen war bis in sein Privatkontor vorgelassen worden. Sein Bruder Adolf hatte dabeigestanden und mit den Augen gezwinkert.

»Warum nicht?«

»Sie hat keine Leute. Sie wird auch noch eine andere Essengesellschaft haben.«

»Dann hat sie ja gar keinen Raum«, sagte er. »Wenn der festliche Speisesaal belegt ist.«

»Nein, das ist bei ihr privat.«

Das Mädchen hatte ihm nicht in die Augen gesehen, während es sprach. Ihre Blicke krochen über die einzelnen Einrichtungsgegenstände. Hinterher würde sie den anderen Schankkellnerinnen erzählen, wie es in Alexander Lindhs Kontor aussah. Er beherrschte sich nur mit Mühe, drückte den Scheitel des Adlers und schickte sie weg.

Er war unzufrieden mit der Bedienung. Es ging nicht so schnell, wie er es gewohnt war, und ein Teil der Mädchen wirkte ausgelassen und machte Finck und Mandelstam schöne Augen, gerade so, als befänden sie sich im öffentlichen Speisesaal. Als Alma Winlöfs Glanzstück, ein Chaudfroid auf Truthahn, hereingetragen wurde, wurde er ernsthaft argwöhnisch. An dem, was vorne bei ihm als dem Gastgeber aufgetragen wurde, war nichts auszusetzen, doch weiter unten am Tisch meinte er, zwischen den glacierten Brotscheiben, die um die gefüllte Trüffel herum angerichtet waren, weißes, fettiges Papier schimmern zu sehen. Die Geleewürfel am Rand der

Platte schienen auch matt und schon einmal durchgerührt. Er versuchte, das dort unten schärfer in den Blick zu bekommen, doch jetzt nahm sich Mandelstam, und er rührte nur noch mehr darin herum, ohne zu merken, was er tat. Er liebäugelte mit dem Mädchen, das servierte.

»Sie scheinen heute fröhlich zu sein, Tora«, sagte er leise.

Ihre Antwort bestand lediglich darin, dass sich die Farbe ihrer Wangen vertiefte und ihre Augenlider sich senkten. Finck flüsterte etwas, um sie zum Lachen zu verleiten, doch es gelang ihm nicht. Sie ging mit der Platte weiter, und die langen, steifgestärkten Schürzenbänder, die bis zum Rocksaum hinunterreichen sollten, fingen an, sich aufzurollen, und es sah aus, als ob die Enden miteinander spielten.

Doch Alexander Lindh, der ein scharfes Auge darauf geworfen hatte, wie am unteren Tischende serviert wurde, war nun ziemlich sicher, dass dort etwas aufgetragen wurde, von dem schon einmal genommen worden war. Er begann sich zu fragen, ob die Hast und Unruhe beim Servieren von der anderen Essengesellschaft herrühre, die Alma bei sich unten bewirtete. Es wäre ihm doch am liebsten gewesen, wenn Alma an ihrem Platz beim Büfett gestanden und die Mädchen im Auge behalten hätte. Kalte Wut ergriff ihn, als er daran dachte, dass sie womöglich Gerichte auftrugen, in denen vorher schon andere Gäste herumgestochert hatten.

»Wen bewirtet denn Mamsell Winlöf in ihren Räumen?«, fragte er das Mädchen an seinem Ellbogen.

»Es ist eine private Gesellschaft«, antwortete es, und es war ganz offensichtlich, dass das nicht seine eigenen Worte waren. Er winkte Adolf von der anderen Seite des Tisches zu sich.

»Geh hinunter und finde heraus, was das für eine Privatgesellschaft ist, die Mamsell Winlöf in ihrer Wohnung hat. Mach es aber unauffällig.«

Adolf zwinkerte. Er sah fein aus, er sah aus wie eine königliche Hoheit. Seine Augen waren ebenso gewölbt wie die Cederfalks, seine Nase gekrümmt. Er lebte jedoch in einem Zustand beherrschter Einfalt. Seine schleppende Stimme und sein glasiger, hellblauer Blick verrieten oft Hilflosigkeit und Verwirrung. Doch hatte sich gezeigt, dass er ein Talent für Buchhaltung hatte, und er war manisch penibel. Über das äußere Kontor herrschte jetzt er. Seine zierlichen Ziffernkolumnen waren mustergültig, ebenso sein staubfreier Habit. Er war es auch, der jede Woche das Verkaufsbarometer der Großhandelsfirma aus der Lokalzeitung ausschnitt. Er pinnte es in Alexanders Kontor an die Wand. Lindh verkaufte jetzt fast ausschließlich Landmaschinen, und den Grundstock seines Verkaufsgeschäfts lieferte Wärnström. MIT SCHWEDISCHEN MASCHINEN BESTELLT SCHWEDENS LAND lautete die Devise, die Adolf hinter dem Nacken seines Bruders hatte anbringen lassen. In einem kreisrunden Bild kam aus der Großhandels AG Alexander Lindh eine riesige Erntemaschine hervor. Dies hatte auf dem Almanach gestanden, denn Alexander hatte den Wert der Reklame erkannt und genierte sich auch nicht dafür. In seinem Kopf nahm aber bereits eine neue Devise Gestalt an: BESTELLT DIE WELT – MIT SCHWEDISCHEN LANDMASCHINEN.

Sein Export war bereits beträchtlich. Er hatte bald die alleinigen Verkaufsrechte der meisten Produzenten im Land. Doch die Welt war groß, und er wollte sie haben. Die ganze Welt außer Russland, denn Russland jagte ihm einen Schreck ein.

Er beteiligte sich nur zerstreut an der Unterhaltung und ließ die Tür nicht aus den Augen. Er erwartete Adolf zurück, im Grunde aber hoffte er, dass Alma hereinkommen und sich an ihren Platz am Büfett stellen würde. Er wusste, dass sie über ihn ungehalten war. Die Lehrerinnen waren zu dem Essen nach der Schuleinweihung nicht eingeladen worden. Seine

Schwägerin Malvina war im übrigen ebenfalls ungehalten. Er hatte sie darauf hingewiesen, dass es für anständige Frauen undenkbar sei, eine Einladung anzunehmen, die es mit sich brachte, dass sie, alleine und unverheiratet, den Abend in einem Lokal verbringen würden.

»Womöglich würden sie sie sogar annehmen!«, hatte seine Schwägerin erwidert.

»Eben«, antwortete Alexander säuerlich. »Da halte ich es für taktvoller, ihnen diesen Fauxpas zu ersparen. Ich werde sie nicht einladen.«

»Deine väterliche Fürsorge kennt keine Grenzen«, gab Malvina zurück.

Zu Hause und im gesellschaftlichen Leben herrschte Adolf über gar nichts. Malvina sagte und tat, was sie wollte. Als eine der allerersten hatte sie sich zur Gehsportenthusiastin bekehren lassen.

Ingenieur Tucker, der aus England berufen worden war, um die Pläne für die englische Molkerei zu zeichnen, hatte im vorigen Frühjahr Lawntennis eingeführt. Soweit ging Alexander mit, und er ließ auch auf seine Kosten einen Platz einrichten. Ihm gefiel sogar der Anblick der Damen, die sich gemächlich Bälle zuschlugen. Jetzt aber hatte sich die blasse, rothaarige Mrs. Tucker mit der spröden Stimme diesen neuen Sport für die Damen der allerhöchsten Schicht des Ortes ausgedacht (die, wie Lindh als erster einsah, zu dünn war, um sich auch nur die geringste Lächerlichkeit erlauben zu können).

Es war Frühling. Die Landstraße im Norden hinaus nach Åsen war vom Regen löchrig und porig geworden. Durch diese Kraterlandschaft marschierten die Damen mit aufgeschürzten Röcken und verzierten Wanderstöcken. Anfangs waren kleine Schreie zu hören, wenn das gelbbraune Lehmwasser hochspritzte. Sie schritten aus wie Mannsbilder und warfen sich in die Brust. Sie gingen. Das war Gehsport.

Sie saßen nicht still auf ihren Kanapees und geschwungenen Sofas. Sie lächelten nicht schweigend über ihren Stickrahmen. Sie kamen zurück von ihren Gehsportpromenaden und leerten die Platten mit den belegten Brötchen auf den Teetischen, scherzten mit Adolf und fragten Alexander nach seinem Export.

Adolf kam zurück. Alexander fand, dass er verlegen wirkte. Er glitt an seinem Bruder vorbei und streifte nur sein Ohr mit den Worten:

»Ich weiß es nicht. Du musst schon selbst gehen, lieber Alex, ich weiß es wahrhaftig nicht.«

Das Mahl war nun an dem Punkt angelangt, an dem die Sinne zu ermatten begannen. Bald würde ihre Empfänglichkeit vollkommen erschöpft sein. Dieser Schlaffheit, diesen betäubten Lebensgeistern hätte man sehr gut auch einen schlechteren Wein anbieten können als den, der serviert wurde. Doch das kümmerte Alexander jetzt nicht. Er entschuldigte sich undeutlich und hob die Tafel auf. Mochten sie sich, zum Teufel, denken, was sie wollten. Gastgeber war schließlich er.

»Ich geh runter und stoß mit der Musik an«, brummte er zu Adolf hin, dessen fassungsloses Gesicht er zwischen zwei Kerzenflammen erblickte.

Im öffentlichen Speisesaal hielt er die Eisenbahnerkapelle und einige Bahnbeamte der unteren Ränge frei. Eine der Schankkellnerinnen folgte ihm ängstlich den ganzen Weg hinunter, er ließ sich ein Glas reichen und trank den verschwitzten, roten Gesichtern zu. Man ließ ihn hochleben. Es war geräuschvoll. Das schneeweiße Tuch auf dem großen Tisch, an dem man die Speisen holte, hatte Flecken von Roten Beten bekommen. Auf der anderen Seite drängten sich die Bahnreisenden zusammen. Deretwegen stand wie gewöhnlich Sauermilch auf dem Tisch, aber auch Kalbsbraten, Roastbeef und die gewaltigen Türme eingekochten Seehechts in Gelee. Alexander Lindh hob in den Rauchschwaden die Hand und sprach mit lauter Stimme in Richtung Kapelle ein paar Worte, die niemand verstand. Man ließ ihn neuerlich hochleben.

Er verließ sie und trabte wie gewohnt durch den langen Servierraum und die halbe Treppe zu Almas Wohnung hinunter. Zwei Serviererinnen stießen mit ihm zusammen, doch er fragte nicht nach Alma. Er wollte sie hier nicht treffen. Er wollte nur einen Blick auf die Gesellschaft werfen, die sie in ihrem privaten Speisezimmer bewirtete und um deretwillen sie den Honoratioren des Ortes schon einmal angebotene und wieder zusammengeraffte Speisen zukommen ließ. Der Gedanke an gräfliche und königliche Hoheiten war ihm durch den Kopf geschossen, doch der königliche Speisesaal war geschlossen und dunkel.

Eine dritte Serviererin kam mit einem vollbeladenen Tablett herausgestürmt, als er in Almas Salon stand, und er wäre beinahe hinterm Vorhang mit ihr zusammengestoßen. Als sie weg war, zog er den roten, faltenreichen Samt ein ganz klein wenig zur Seite. Aus dem Speisezimmer schlug ihm ein warmer Duft von rußigen Kerzen, atmender Haut, Eau de Cologne und Speisen entgegen. Es waren nur Frauen im Raum.

Sie saßen dicht aneinandergedrängt um den ovalen Tisch. Die Möbel waren zur Seite gerückt und an den Wänden entlang zusammengeschoben worden. Dennoch war es so eng, dass die Palmen sie im Nacken kitzelten und die Etagere umzukippen drohte. Ganz am oberen Ende des Tisches saß Alma, sie sah ihn aber nicht. Alle sieben Lehrerinnen der Schule saßen um ihren Tisch herum. Außerdem waren da noch fünf, sechs Sympathisantinnen mit Malvina Lindh an der Spitze am anderen Ende des Tisches. Sie waren fast alle Gehsportenthusiastinnen.

Alexander Lindh gehörte nicht zu denen, die es ungebührlich fanden, dass Frauen aßen oder dass sie gar zeigten, dass sie aßen. Aber trotzdem. Dies war etwas, was er noch niemals vorher gesehen hatte, es war grotesk. Eigentlich sah er nur eine einzige, sein Blick blieb an ihr hängen und kam nicht mehr von ihr los. Es handelte sich um eine der Lehrerinnen. Sie hieß Magnhild Lundberg und war nicht mehr ganz jung. Soweit er wusste, hatte sie keine Familie, keine Verwandten am Ort. Sie war natürlich unverheiratet. Diese einsame und eigentlich beklagenswerte Frau saß auf dem Platz neben Malvina. Sie hatte eine große Leinenserviette auf dem Schoß ausgebreitet, und darauf prangte ein Weinfleck, der braunviolett nachgedunkelt war. Vor ihr auf dem Teller wölbte sich die halbe Brust einer kleinen Waldschnepfe, die von der Soße glänzte. Magnhild Lundberg lachte mit den anderen, doch sie lachte zerstreut, denn eigentlich konzentrierte sie sich auf den Vogel vor sich und auf die kleinen, krausen Morcheln, die sie eine nach der anderen auf die Gabel spießte und zum Munde führte. Ihre Wangen waren gerötet. Sie kaute kräftig und stopfte sich den Mund voll. Dann setzte sie sowohl das Messer als auch die Gabel mitten in die Waldschnepfe und schnitt recht beherzt zu, sodass das Brustbein brach. Sie schnitt eine große Fleischscheibe ab und führte sie sofort zum Mund, und sie hatte noch gar nicht zu Ende gekaut, als sie mit einem Stück Farce aus dem Innern des Vogels schon nachstopfte. Als Malvina Lindh etwas zu ihr sagte, konnte sie erst nicht antworten. Sie kaute, schüttelte den Kopf, und Lachtränen stiegen ihr in die Augen.

Er war völlig durcheinander. Eine Sache aber war für ihn klar: Nach dem Essen würden sie nicht dasitzen wie die Damen ihres Alters, die er kannte. Wenn die Spieltische aufgeschlagen wurden, pflegten sie auf den Sofas sitzen zu bleiben und Bilinerwasser zu nippen, blass von schmerzhaft zurückgehaltenen Fürzen.

Alma entdeckte ihn. Sie war blass, ihre braunen Augen streng und ernst. Eilends ließ er den Samtvorhang zurückfallen. Er hörte, wie sie sich dort drinnen entschuldigte: Sie müsse nach dem Arrangement im Gesellschaftsraum sehen.

Sie war in schwarze Seide gekleidet und hatte ihre Granate umgelegt. Am Hals war ihr Fleisch so weich, dass sie in Grübchen ruhten und wie Augen glänzten. Es schoss ihm plötzlich durch den Kopf, dass sie sich diese selbst gekauft haben musste. Er hatte ihr nie etwas geschenkt. Mit einer seltsamen, ihm unverständlichen Schärfe hatte sie Geschenke immer zurückgewiesen.

Er reckte sich. Almas Taillenweite musste sich verdoppelt haben, seit er das erste Mal hier in ihrem Salon gestanden hatte, sie war aber auch größer oder wirkte größer. Es war so eine Geradheit an ihr: Sie wuchs aus sich selbst heraus.

»Du hast eine Tischgesellschaft«, sagte er.

»Ja.«

Er trat zurück und merkte, dass er beinahe gegen den Ofenschirm stieß. Er war mit dem Raum vertraut und stieß selten einen dieser vielen Gegenstände um, selbst wenn er sich unachtsam bewegte. Jetzt waren seine Bewegungen umsichtig und gemessen, und er tastete sich noch weiter nach hinten, und seine Hand suchte nach der Kante des Ofenschirms aus braunrotem Mahagoni und folgte ihr, bis er den runden Knauf fand. Darauf legte er seine Hand.

»Ich zog es vor, die Lehrerinnen nicht mit einer Einladung in Verlegenheit zu bringen«, meinte er.

»Soo?«

»Unverheiratete Damen in einem öffentlichen Lokal, findest du das in Ordnung?«

Sie lächelte.

»Du hattest doch deine Tischgesellschaft im Lindhschen Haus geben wollen«, sagte sie, und er meinte, bei der Nennung des Namens eine Spur Ironie herausgehört zu haben.

»Ich musste sie aber im Lokal geben.«

»Jetzt verwechselst du Ursache und Wirkung«, entgegnete sie und lächelte noch mehr.

Sein Nacken errötete heftig, er spürte, wie er sich spannte und pochte, und er presste den Knauf des Ofenschirms. Er hatte gute Lust, ihr zu antworten, erinnerte sich aber, wie ihn der Zorn einmal zu einer Antwort verleitet hatte, die zu einer Blamage und einer sauberen Geschichte in dem Flecken wurde. In seinem Kontor hatte er gebrüllt:

»Hier bedarf es keiner Logik! Hier bestimme ich!« Deshalb schwieg er, und sie fuhr fort:

»Aber jetzt ist doch alles in Ordnung, da die Lehrerinnen dennoch ihre Tischgesellschaft bekommen, und das ganz privat.«

Er kannte ihren Körper so gut, dass er es wahrgenommen hätte, wenn sie feindselig gewesen wäre. Er hätte es an ihrem Atem gemerkt und, wenn sie näher bei ihm gestanden hätte, am Geruch ihres warmen Halses. Doch jetzt war sie nur amüsiert. Da sagte er:

»Ich stimme da vielleicht nicht ganz mit dir überein, was den Privatcharakter der Wohnung einer Restauratrice betrifft.«

Zum ersten Mal während dieses Gesprächs sah er ihr direkt in die Augen. Sie war völlig regungslos, atmete aber schwerer. Die Granate wurden in ihren weichen Grübchen angehoben.

»Möchtest du hinaufgehen und nach deinen Serviererinnen sehen«, sagte er. »Das ist fast ein Ausschank da oben und kein Servieren mehr.«

Das dürfte gereicht haben, dachte er. Das dürfte gereicht haben. Er ging hinaus. Er fürchtete plötzlich, über eine Teppichfranse oder einen kleinen Fußschemel zu stolpern.

Der Wind weht kalt her – Der Sommer von 1940

Marianne Fredriksson

Viele Jahre danach würde Simon sich mit der Frage beschäftigen, ob er an diesem Morgen etwas Besonderes empfunden hatte. Er war in der Dämmerung aufgewacht und hatte seine Mutter im Schlaf weinen hören.

Karin hatte Vorahnungen.

Er selbst fühlte sich wohl wie immer, als er zur Schule losradelte. Die Stadt war zu einem Tag erwacht, der ein gewöhnlicher zu werden versprach. Von der Bergkuppe an der Stadtgrenze konnte er alle Hebekräne des Hafens sich wie tanzende langbeinige Spinnen bewegen sehen. Wie gewöhnlich überholte er die Straßenbahn, die die bessergestellten Kameraden in die Schule brachte, und wie gewöhnlich empfand er dabei eine gewisse Genugtuung. Majorna lag in der Sonne und ein Hauch von Wärme belebte die Karl-Johansgata.

Wie üblich machte Simon seine Deutschaufgaben während der Morgenandacht in der Aula. Er hatte sich noch immer nicht überwinden können, die Deutschbücher zu Hause aufzuschlagen, und in den Stunden fühlte er sich schlecht.

Wie gewöhnlich hatten sie am Dienstagmorgen Chemie und wie gewöhnlich war Simon kaum daran interessiert.

Aber in der dritten Stunde, mitten im Geschichtsunterricht, ging der Schulwart von Klasse zu Klasse und sagte knapp und mit verschlossenem Gesicht, dass Schüler und Lehrer sich in der Aula einzufinden hätten.

Woran er sich hinterher am besten erinnern konnte, war nicht, was der Direktor gesagt hatte, sondern es war die durch ihn vermittelte Angst, als die Jungen nach Hause geschickt wurden. Alle sollten sofort zu ihren Eltern gehen, die Schule könne an diesem Tag keine Verantwortung für sie übernehmen, sagte er.

Es war der 9. April 1940, Ottos Namenstag, und Simons Beine bewegten sich wie Motorkolben, als er heim zu Karin radelte. Sie stand weinend am Küchenfenster. Als sie den Jungen aber hochhob, ihn auf die Küchenbank stellte und in die Arme nahm, fühlte er mit der Gewissheit eines Kindes, dass nichts Schlimmes geschehen konnte, so lange Karin bei ihm war.

Aus dem Radio knatterte eine aufgeregte Stimme, dass die Norweger das deutsche Schlachtschiff *Blücher* beim Einlaufen in den Hafen von Oslo versenkt hatten. Karin sagte, es wäre besser gewesen, wenn die Norweger es wie die Dänen gemacht und sich gleich ergeben hätten.

Erik kam mit dem Auto nach Hause. Schweden hielt den Atem an. Der Ministerpräsident sprach im Radio, sagte, dass die schwedische Wehrfähigkeit gut sei, und vielen Familien schenkten seine feste Stimme und die skånische Mundart so etwas wie Zuversicht.

Nicht so jedoch in Larssons Küche, denn dort sagte Erik es geradeheraus, wie es tatsächlich war: »Der lügt, der muss ja lügen.«

Wenige Tage später war Erik an einen unbekannten Ort verschwunden, einberufen. Karin und Simon hackten den Ackerboden auf, den sie gepachtet hatten, und setzten Kartoffeln.

In Simons Träumen stürzten sich wilde Bergvölker mit gezückten Säbeln von hohen Bergen hinunter und fielen wie die Heuschrecken in weite, fruchtbare Ebenen ein, brandschatzten, erschlugen die Menschen und warfen ihre toten Körper in Kanäle und Flüsse.

Die nächtlichen Bilder hatten wenig zu tun mit dem Krieg, der rundherum in Simons Welt wütete, denn wie dieser aussah, wusste er aus Zeitungsberichten und Kino-Wochenschauen. Bei Tag bestand das Entsetzen aus Hakenkreuzen, Stiefeln und schwarzen SS-Uniformen, bei Nacht nahm es die Gestalt beleibter, farbenprächtiger Wahnsinniger an, die ihm mit orientalischer Wolllust die Kehle durchschnitten und ihn in den Fluss warfen. Dort schwamm er mit tausend anderen Toten herum, und das Wasser färbte sich rot, und er sah Karin mit zerschmettertem Kopf neben sich schwimmen Und sie war es, obwohl sie sich gar nicht ähnlich sah.

Als Erwachsener würde er noch oft darüber nachdenken, was der Krieg mit den Kindern machte, und wie die tiefe Angst sie prägte. Woran er sich am besten erinnerte, das war die Sehnsucht an jedem einzelnen Morgen, dass der Tag enden möge ohne dass etwas passiert war, dieser Tag und der nächste und der übernächste, ein immer gegenwärtiger schmerzlicher Wunsch.

Fünf Jahre sind eine Ewigkeit, wenn man Kind ist.

Seine Generation wurde zu einer Generation der Ungeduldigen, Menschen, die nicht im Heute verweilen konnten, sondern nur für den morgigen Tag lebten.

Trotz allem gab es immer noch einen Alltag. Die Schule war wieder geöffnet. Viele der Jungen hatten wie Simon keinen Vater mehr zu Hause. Nur für Isak war es anders, bei ihm war es die Mutter, die verschwunden war. In der Nacht zum zehnten April hatte sie versucht, die Kinder zu vergiften und in der schönen Wohnung an der Kvartsgata Feuer zu legen.

Isak und seine Cousine waren in eine Klinik gebracht worden, wo man ihnen den Magen ausgepumpt hatte. Als sie wieder nach Hause kamen, war die Mutter nicht mehr da, man hatte sie ans andere Flussufer in ein Krankenhaus für Geistesgestörte gebracht.

Dort gab es Spritzen, die ihr Schlaf schenkten, und die sie nach und nach abhängig machten. Isak bekam seine Mutter nie mehr zurück.

Ruben Lentov lief auf dicken echten Teppichen durch die große stille Wohnung, wanderte in den Nächten zwischen den Bücherregalen in der Bibliothek und der Diele umher, immer vor und zurück. Er war sein Leben lang ein Mann der Tat gewesen, jetzt war er ein Mann umgeben von Ohnmacht. Ein Tier im Käfig. Noch gab es eine Tür, durch die man flüchten konnte. Jüdische Freunde hielten den Luftweg nach London und von dort weiter nach Amerika offen, er konnte seine Läden verkaufen, Kind und Geld nehmen und von hier verschwinden.

Er dachte an seinen Bruder in Dänemark, der zu lange gezögert hatte.

Aber am häufigsten dachte er an Olga, die im Psychiatrischen Krankenhaus eingesperrt war, nur noch ein Wrack, vollgepumpt mit Drogen, ohne jeglichen Kontakt, und doch seine Frau und Isaks Mutter.

Die Käfigtür war ins Schloss gefallen, und er wusste es.

Dennoch ging er Nacht für Nacht umher, als müsse er einen Entschluss fassen und brauche die langen Stunden, um Klarheit zu finden.

Für Simon hatte die Angst Namen, und so konnte er sie einigermaßen beherrschen: Bomben, Gestapo, Möllergatan 19. Isak kannte die Wörter auch, aber er konnte sie nicht ordnen und auf Abstand halten. Sein Entsetzen war von einer anderen Art, allumfassend und wortlos wie die Angst nun einmal ist, wenn sie uns sehr früh ergriffen hat, und wir uns nicht an das Wann erinnern können oder einfach nicht die Kraft dazu haben.

Karin verstand das, erkannte es schon, als sie den Jungen zum ersten Mal sah.

Einmal war es ihr möglich gewesen, mit Isak über Ängste zu sprechen: »Wir können ja nicht mehr als sterben, keiner von uns.«

Es war eine einfache Wahrheit, doch sie half dem Jungen.

Für ihn wurden Karin, ihre Küche und ihre Mahlzeiten, ihr Schmerz und ihr Zorn zu etwas, womit er leben konnte. Karin schuf Ordnung, sie machte das Leben fassbar.

Den ganzen Sommer über hatte Isak in ihrer Küche gehockt, während seine Mutter zu Hause immer verwirrter und erschreckender wurde. An jenem Sonntag im Mai, als die Norweger ihren Widerstand aufgaben und der König samt seiner Regierung Norwegen verließ, kam Isak zu ihnen hinaus und half Karin und Simon beim Unkrautjäten.

Er kam von seiner Mutter, die er im Krankenhaus besucht und die ihn nicht erkannt hatte.

Am Tag darauf zog Karin sich schön an, wählte den hellblauen Mantel, den sie selbst genäht hatte, und den großen weißen, mit blauen Rosen verzierten Hut und fuhr mit der Straßenbahn zu Ruben Lentovs Büro.

Sie sahen einander lange schweigend an und Ruben dachte, wenn sie den Blick nicht bald abwendet, besteht die Gefahr, dass ich anfange zu weinen. Da sah sie weg und gab ihm Zeit, übers Wetter zu reden, ehe sie ihr Anliegen vorbrachte: »Ich habe mir gedacht, Isak könnte für eine Weile bei uns wohnen, bei Simon und mir.«

Und Ruben Lentov ließ den Gedanken endlich zu, den er jetzt seit Monaten zurückgewiesen hatte, dass nämlich die Angst in Isaks Augen Olgas Angst glich, und dass es für den

Jungen schlecht ausgehen konnte, wenn nichts unternommen wurde. Er sagte: »Ich bin so dankbar.«

Viel mehr wurde kaum gesprochen. Als er sie durch das ganze Büro bis zur Haustür geleitete, hatte er das Gefühl, nie eine schönere Frau gesehen zu haben. Erst am Nachmittag fiel ihm ein, dass er für den Jungen bezahlen musste, Larssons waren Arbeiter und hatten es wohl nicht allzu üppig.

Aber er hatte an Karin Larsson keine Spur von Proletariat wahrgenommen, und als er sie am Nachmittag anrief, um wegen des Geldes zu fragen, fand er keine Worte.

Später war er froh darüber, als ihm bewusst wurde, dass das, was Karin anbot, unbezahlbar war.

So fand er einen anderen Weg und fuhr einmal in der Woche mit Kaffee und Konserven, Büchern für Simon und Geschenken für Karin hinaus in das kleine Haus an der Flussmündung nahe der ausgehöhlten Felsen, in denen die Streitmacht Öl lagerte. Er wurde wie jeder andere in der großen Küche willkommen geheißen, bekam eine warme Mahlzeit, und wenn er sehr betrübt aussah, auch einen Schnaps.

Ruben mochte zwar keinen Branntwein, musste Karin aber recht geben, dass er gegen die Schwermut half.

Bald zeigte sich, dass Isak für sich selbst geradestehen konnte. Ihm gefiel die körperliche Arbeit, er war praktisch, geduldig, hatte ein gutes Verhältnis zu Äxten, Spaten, Schraubenschlüsseln und zu schwerer Plackerei und übernahm so in vielen Belangen Eriks Aufgaben. Das war in dieser Familie viel wert, weitaus mehr als Simons Bücherwissen.

»Es ist, als hätten wir unsere Kinder ausgetauscht«, sagte Karin zu Ruben Lentov, als er eines Sonntags kam, um Erik zu besuchen, der Heimaturlaub hatte.

Erik war schlanker als früher, aber ebenso wortreich und bis in die Tiefe seiner schwedischblauen Seele empört über den schlechten Zustand der Streitkräfte.

»Wir haben Autos und kein Benzin«, sagte er. »Aber andererseits haben wir Munition und keine Waffen.«

Dann gebot Karins Blick ihm Einhalt, und er sah auch selbst, wie die Unruhe in Rubens Augen wuchs.

An diesem Abend erzählte Ruben, was er aus geheimen Quellen über das Schicksal der Juden in Deutschland wusste. Simon hatte es nie vergessen. Die Jungen wurden zwar aus der Küche geschickt, aber es war der Ausdruck in Eriks Augen, als er sich einmal in die Küche stahl, um etwas Wasser zu trinken.

Sein Vater hatte Angst.

Und weil Karin so blass war, als sie den beiden Jungen an diesem Abend die Betten im guten Zimmer machte. Aber vor allem war es, weil er ein Telefongespräch mit angehört hatte.

Es war Erik, der irgendwo anrief, er war in Eile, weil er mit der Eisenbahn zu seinem Einsatzort fahren musste. Aber es war nicht die Eile, die seiner Stimme diese Schärfe und den Klang von etwas unerhört Wichtigem verlieh.

»Du musst den Brief verbrennen …«

…

»Ja, ich weiß, dass ich es versprochen habe. Aber da konnte ich ja nicht ahnen …«

…

»Du musst doch begreifen, dass sein Leben in Gefahr ist, wenn die Deutschen kommen.«

Simon horchte, saß aufrecht im Bett, um besser hören zu können. Aber eigentlich brauchte er sich nicht anzustrengen, das Telefon hing im Flur an der Wand zum guten Zimmer, jede Silbe drang deutlich zu ihm durch.

Die Fragen schwirrten ihm durch den Kopf. Mit wem sprach Erik, was war das für ein Brief, wessen Leben war in Gefahr?

Dann krampfte sich sein Magen zusammen, denn er wusste, dass er die Antwort auf die letzte Frage bereits kannte.

Es ging um ihn.

Isak schlief in einem eigenen Bett neben ihm, das war gut, denn er durfte nicht beunruhigt werden.

Aber Simon war sehr einsam, als er so dasaß und zu begreifen versuchte, ohne zu irgendeinem Schluss zu kommen.

Er hörte, wie Erik sich von Karin verabschiedete, seinen Rucksack nahm: »Auf Wiedersehen, Karin, gib gut auf dich und die Jungen acht.«

»Auf Wiedersehen Erik, pass auf dich auf.«

Er konnte die beiden vor sich sehen, wie sie sich ein wenig unbeholfen die Hand gaben.

Und kurz bevor die Tür ins Schloss fiel: »Hat sie verstanden?«

»Ich glaube, ja.«

Simon wurde jetzt böse, wie Kinder es werden, wenn sie nicht wissen, worum es geht. Die Wut brachte ihm gespenstische Träume, er begegnete der Ågrenschen, die im Tod noch unheimlicher war als zu Lebzeiten, und die ihm am Strand nachlief und schrie: »Geh heim und frag deine Mutter!«

Aber er hatte die Frage vergessen, hatte sie einfach verloren, konnte sich nicht erinnern, suchte verzweifelt, als hinge sein Leben davon ab.

Er wachte auf, weinte und verharrte im Reich der Dämmerung zwischen Schlafen und Wachen. Er ging auf die Bäume zu, die Eichen, und es gelang ihm schließlich, das Land zu finden, das es eigentlich nicht gibt, und traf seinen Mann, den Kleinen mit dem komischen Hut und dem rätselhaften Lächeln. Sie saßen eine Weile beisammen und sprachen miteinander, wie sie es die Jahre über immer getan hatten, wortlos und jenseits der Zeit.

Am Morgen stand er lange vor dem Spiegel, der über dem Kaltwasserhahn der Spüle an der Wand in der Küche hing, und schaute in die fremden Augen, die wohl die seinen aber doch anders als die aller anderen Menschen waren, dunkler als Karins, dunkler sogar als die von Ruben.

Aber er stellte dem Bild keine Fragen. Auch Karin fragte er nicht.

Der Alltag um ihn herum behauptete sich. Bei der Hetze vom Haferbrei zu den Broten, die noch geschmiert werden mussten, und den Schulbüchern, die er zusammensuchen musste, und den Strümpfen, die unauffindbar waren, verblasste der gestrige Abend, das Telefongespräch verlor seine Konturen, bekam einen Anflug von Unwirklichkeit und Traum.

An diesem Tag bekam Simon ein Ungenügend für seine Deutscharbeit. Isak war bekümmert: »Meinst du, Karin wird traurig sein?«

Simon schaute erstaunt, die Schule lag in seiner Verantwortung, Karin würde nicht einmal fragen.

»Nein«, sagte er. »Die Schule ist ihr egal.«

Isak nickte erleichtert, ihm fiel ein, dass er gehört hatte, wie sie Ruben gegenüber gesagt hatte, als er sich nach Isaks Schulaufgaben erkundigte, man müsse Vertrauen zu seinen Kindern haben.

Dann sagte Isak: »Ich kann ja mit dir Deutsch büffeln, es ist schließlich meine Muttersprache.«

Simon war so verblüfft, dass er sich fast an seinem Rahmbonbon verschluckt hätte, das er sich zum Trost gekauft hatte.

Isak nahm am Deutschunterricht nicht teil, irgendwie hatte Simon es für selbstverständlich erachtet, dass er davon in gleicher Weise befreit war wie vom Religionsunterricht, eben weil er Jude war. Erst jetzt verstand er, dass Isak nicht deutsch zu lernen brauchte, weil er diese erschreckende Sprache mit den vielen harten Kommandowörtern schon beherrschte: Achtung, Heil, halt, verboten …

So kam es, dass die Küche, die jahrelang Hitler hatte brüllen hören, nun einem ganz anderen Deutsch lauschen durfte, einem weichen und runden Berlinerisch.

Das war komisch, selbst Karin war erstaunt darüber, wie angenehm die Sprache der Nazis klingen konnte. Simon lernte schnell, machte sich mit der Sprache vertraut. Er schaffte die nächste Schularbeit gut, und das Halbjahreszeugnis, das sie an dem Tag bekamen, an dem die Deutschen in Paris einmarschierten, war in Ordnung.

Eine Welle von Hirnhautentzündungen hatte die Gegend erfasst. In der Nacht, in der die Engländer weit über 300 000 Männer in kleinen Booten von Dünkirchen herüberholten, starb eine von Simons Spielgefährtinnen, ein Mädchen, mit dem er immer seine Schwierigkeiten gehabt hatte.

Dieser kleine Tod bedeutete mehr an Wirklichkeit als alle Toten des großen Krieges zusammengenommen. Simon bekam Schuldgefühle.

Er hatte das Mädchen erst vor vierzehn Tagen bei einem gehässigen und unnötigen Streit Fuchsarsch genannt. Sie war rothaarig gewesen und hatte, wie er auch, ein loses Mundwerk gehabt, war die Mittlere in einer kinderreichen Maurerfamilie gewesen, wo der Vater trank und die Mutter viele Tränen vergoss.

»Sie hatte es schwer. Sie wollte wahrscheinlich einfach nicht mehr«, vermutete Karin.

Aber in den nächsten Tagen beobachtete sie die Jungen sehr genau und war eines Abends sehr beunruhigt, als sie glaubte, Isak habe Fieber.

Noch ein Ereignis blieb Simon aus diesem Frühling deutlich im Gedächtnis. Karin erwachte eines Morgens mit der Erinnerung an einen lebhaften Traum und erzählte den Jungen, wie sie in einem Schutzraum gesessen und den Gekreuzigten an der Wand hängen gesehen hatte. Als Bomben fielen, wurde er lebendig, hob seinen Arm und zeigte mit einem Palmzweig an die Decke, die sich öffnete. Und Karin konnte sehen, dass der Himmel über den winzigen Flugzeugen blau und unendlich war.

»Die Flugzeuge und auch die Bomben sahen aus wie Spielzeug«, sagte sie und fügte hinzu, dass der Traum ihr Trost gespendet habe.

Auch die Jungen fühlten sich gestärkt, besonders nachdem Edit Äppelgren in die Küche gekommen war, um eine Schere abzuholen, die Karin sich geliehen hatte, und so auch zu einer Tasse Kaffee und ihrer Vorstellung von Karins Traum gekommen war. Sie war eine Christin und wusste zu erzählen, dass das Pfingstfest, welches sie soeben mit blühenden Narzissen auf dem Frühstückstisch gefeiert hatten, zum Gedenken an den Heiligen Geist stattfand, der sich über die Menschen dieser Welt ergossen hatte.

Sie hatten gerade ihre Kaffeetassen geleert, als sie die Fliegerabwehr auf dem Käringberg feuern hörten, ins Freie stürzten und noch für einen kurzen Moment die deutsche Maschine mit dem Hakenkreuz und dem deutschen Piloten zu sehen bekamen, der in der Luft wie ein Stück Holz brannte, ehe er samt seinem Flugzeug in der Kühle des unendlichen Meeres verschwand.

Simon weinte, aber Isak war erregt, seltsam freudig.

Es wurde trotz allem ein richtiger Sommer, draußen auf den Wiesen zwischen den Felsen – dort, wo der große Fluss ins Meer mündete. Weiße Sommernächte, Zelte am Badestrand, Mädchen, die man ärgern, Jungen mit denen man sich prügeln konnte, Kanus, Segeljollen.

Erik kam nach Hause und berichtete, wie sie in aller Heimlichkeit norwegischen Juden über die Grenze halfen.

Eines Sonntags nahm er das Auto, um Inga, eine seiner Kusinen, zu besuchen. Sie hatte in einiger Entfernung nördlich der Stadt einen kleinen Bauernhof.

Ob Simon mitfahren wolle?

Nein, er mochte Inga nicht besonders gern, sie war dick und faul, roch nach Stall und wagte nie, ihn richtig anzusehen.

Aber Isak sagte, die Sache müsse doch wichtig sein, wenn Erik trotz rationiertem Benzin fahre, und da bekam Simon ein schlechtes Gewissen.

Danach vergaß er alles. Er stand mit Isak auf dem Gerüst und strich das Haus mit weißer Farbe an, die Ruben besorgt hatte. Es war ein Geschenk für Erik, und Isak sang bei der Arbeit: Der Wind weht kalt her, kaltes Wetter vom Meer.

Simon verabscheute Isaks Gesang, aber er musste zugeben, der Sommer 1940 kam nie so richtig in Schwung.

Stockholm – Das zweite Exil

Willy Brandt

An einem der Augusttage im Jahre 1940, als ich in Charlottenberg festgehalten wurde, war ich beim Spaziergang im Hof über den Zaun mit einem älteren Schweden ins Gespräch gekommen. Der arbeitete in seinem Garten und schimpfte wie ein Rohrspatz auf die Norweger, zu denen er mich zählte: Nun hätten sie die Quittung für die schlechte Behandlung König Oskars erhalten. Der gute Mann wollte den Nachbarn noch immer nicht verzeihen, dass sie 1905 aus der Union ausgetreten waren und sich einen eigenen König aus Dänemark geholt hatten.

Die meisten Schweden waren weniger nachtragend. Sie nahmen an den Leiden der Nachbarn im Westen und im Süden lebhaft Anteil, und vor allem hofften sie, dass ihnen deren Schicksal erspart bliebe. Und sie zeigten, dass sie im Rahmen ihrer Möglichkeiten zur Hilfe bereit waren. Doch unterstützten sie mit überwältigender Mehrheit die Entschlossenheit ihrer Regierung, Schwedens Neutralität zu sichern. Die Bereitschaft zur Verteidigung des Landes wurde demonstrativ verstärkt. Der Krieg hatte diesen nordischen Staat noch verschont, aber die Zahl derer, die diesem täglich gefährdeten Frieden misstrauten, war nicht gering.

Nach meiner Ankunft in Stockholm hatte ich unverzüglich die Exilregierung verständigen lassen. Ich beantragte einen norwegischen Pass, der mir – gestützt auf die nachgeholte Einbürgerung – auch umgehend ausgestellt wurde. Ich nahm den Kontakt zu schwedischen Sozialdemokraten und deutschen Flüchtlingen auf, doch am engsten blieb ich auch auf dem Boden der schwedischen Hauptstadt mit den norwegischen Freunden verbunden. Martin Tranmäl hatte mit schwedischer Hilfe ein kleines Büro eingerichtet, in dem Inge Scheflo – der Sohn eines seiner erbitterten Widersacher in den fraktionellen Streitigkeiten der Zwanzigerjahre – Mädchen für alles war. Ich traf gerade auch noch meinen Freund Halvard Lange, den späteren langjährigen Außenminister, der nach Oslo zurückkehrte, obwohl er damit zu rechnen hatte, dass er dort in Schwierigkeiten mit der Besatzungsmacht geraten würde. Feigheit war das letzte, was er sich nachsagen lassen wollte. Seine Frau, die ein Kind erwartete, folgte ihm auf dem gefährlichen Weg. Über unserem Abschiedsessen lagen bange Ahnungen, aber wir ahnten nicht, dass er wie seine Brüder, drei Söhne des Nobelpreisträgers Christian Lange – ich erwähnte ihn im Zusammenhang mit Ossietzky –, ins KZ Sachsenhausen geraten würde.

Stockholm war – viel mehr als Oslo – ein Zufluchtsort für Flüchtlinge aus allen Ländern. Die meisten kamen freilich in den Okkupationsjahren aus Norwegen herüber: 3000 waren es im Herbst 1941, mehr als 10 000 ein Jahr später. Im Frühjahr 1945, als der Krieg zu Ende ging, zählte man in Schweden mehr als 100 000 Flüchtlinge, davon die Hälfte aus Norwegen. Dänen, Finnen, Balten stellten die anderen großen Kontingente. Fünf Prozent, nicht mehr als 5000 Menschen, verzeichnete die Statistik (im Frühjahr 1945) als »deutschsprachig«. Dazu gehörten die deutschen Sozialisten unterschiedlicher Prägung, ein halbes Tausend an der Zahl, ein volles, wenn man die Österreicher und Sudetendeutschen dazurechnete.

Ich nahm lebhaft Anteil an dem, was meine deutschen Schicksalsgefährten politisch beschäftigte, hielt mich jedoch von unfruchtbarer Emigrantengeschäftigkeit so weit wie möglich fern. Das normale skandinavische Leben war nahezu mein eigenes geworden. Publizistisch beschäftigte ich mich während der Stockholmer Jahre vor allem mit den Problemen Norwegens, das jetzt so viel Leid ertragen musste. Meine Mitarbeit an verschiedenen Zeitungen – ab 1943 gemeinsam mit einem schwedischen Freund durch ein kleines Pressebüro – und die Veröffentlichungen von Schriften unterschiedlicher Art dienten meist der Aufklärung über das besetzte Nachbarland. Sprachlich brauchte ich nicht umzulernen. Ich schrieb weiterhin Norwegisch, sprach es in aller Regel auch und übernahm schwedische Ausdrücke dort, wo es Missverständnisse zu vermeiden galt. Eng verwandte Sprachen haben ihre Fallgruben. Auch verleiten sie dazu, einen wenig attraktiven Sprachsalat zu servieren; ich bemühte mich, dieser Bequemlichkeit nicht zu erliegen.

In Stockholm wohnte ich erst in Pensionen, bis wir uns Anfang 1941 eine Neubauwohnung leisten konnten. Carlota war mit dem Baby über die Grenze gebracht worden; nach kurzer Zeit begann sie, in der Presseabteilung der Gesandtschaft zu arbeiten. Wir lebten ruhig und bescheiden, hatten oft Gäste und konnten uns sogar Sommerurlaub und Skiferien zu Ostern leisten. Dass wir für uns selbst sorgen konnten, brachte mir nicht nur Freunde ein, sondern rief – unter nichtskandinavischen Flüchtlingen – auch Neider auf den Plan.

Ein paar Monate nach dem illegalen Oslobesuch meldete ich mich bei der Ausländerpolizei, um meine Aufenthaltserlaubnis verlängern zu lassen. Aus dem, wie ich geglaubt hatte, Routinebesuch wurde ein stundenlanges Verhör, an dessen Ende ich festgehalten wurde. Meine Auskünfte schienen die Beamten nicht zu befriedigen. Die Befragungen wurden in den folgenden Tagen wiederholt. Ich wusste beim besten Willen nicht, was ich den Polizisten berichten könnte. Ich hatte nichts zu verbergen, was die Interessen meines schwedischen Asyllandes betraf. Hatte man mich denunziert? Wer? Welche Beschuldigungen lagen vor? Die Beamten wollten ganz genau wissen, wo in Norwegen ich mich aufgehalten und wen ich getroffen hätte. Aber ich konnte und wollte doch niemanden angeben, der in Gefahr geraten könnte. Man fragte mich dann, ob ich mich für Flugplätze oder Truppenstärken interessiert hätte. Mit militärischen Nachrichten, versuchte ich deutlich zu machen, hatte ich nun wirklich nichts im Sinn. Wer uns auf schwedischer Seite behilflich gewesen sei? Auch der nach mir festgenommene Inge Scheflo schwieg hierzu. Wir hatten unser Wort gegeben. Den verhörenden Polizisten hätte ein Hinweis auf die schwedischen Offiziere sicherlich nichts Neues gesagt. Es bestätigte sich der Eindruck, dass verschiedene Behörden ein und derselben Regierung sich voreinander versteckten und partiell befehdeten.

Das Polizeigefängnis war blitzsauber, es stank vor Sterilität. Das Essen war nicht zu beanstanden, viele Menschen in anderen Ländern hätten diese Gefängniskost als Luxusmenü betrachtet. Die Zelle blieb auch nachts hell beleuchtet. Insoweit war eine kontinentale Polizeipraxis übernommen worden. Mich ärgerte die Schikane, aber mehr noch die skandalöse Drohung – ich glaube, im zweiten Verhör –, man könne mich ja gegebenenfalls nach Deutschland abschieben. Ernst nahm ich den Wink nicht. Damals ahnte ich freilich auch nicht, wie eng ein Teil der schwedischen Sicherheitsbehörden mit der Gestapo zusammenarbeitete. Als man mich festhielt, waren – wie ich später erfuhr – drei Beamte der SÄPO gerade von einem »Gedankenaustausch«, zu dem Heydrich eingeladen hatte, aus Berlin zurückgekommen. Es gab sogenannte »Arbeitskontakte« und einen regelmäßigen Austausch von

Informationen über die Tätigkeit von Emigranten. In der Polizei – und nicht nur dort – hatte Hitler manchen Bewunderer. Einige arbeiteten einschlägigen deutschen Dienststellen in die Hand. Im Dezember 1944 wurde ein Inspektor verhaftet und im April 1945 verurteilt; er hatte der Gestapo Informationen über Flüchtlinge zugehen lassen. Torsten Nilsson, der spätere deutsche Außenminister, damals zentraler Parteisekretär, hielt in seinen Erinnerungen fest, dass ich, ebenso wie meine beiden schwedischen Kollegen im Pressebüro, nicht nur von »den im Lande tätigen Nazi-Agenten« beschattet, sondern auch von der schwedischen Sicherheitspolizei überwacht wurde; man hörte auch unsere Telefone ab.

In der auch für Schweden gefährlichen Phase bis 1942 zeigte die Regierung ein verständliches Interesse, die Neutralität nach außen hin stark zu betonen. Auch die Presse wurde mehr oder weniger sacht an die Zügel genommen. »Ungesetzliche Nachrichtentätigkeit« wurde scharf geahndet – ein dehnbarer Begriff, den manche Beamte und Richter einseitig deuteten oder weltfremd auslegten. Einige meiner Freunde wurden verurteilt, weil man bei ihnen politische Berichte gefunden hatte, die sie für eine der Exilregierungen vorbereitet hatten. Es war damals nicht üblich, über solche Zwischenfälle zu jammern. Man schimpfte sich den Ärger vom Hals. Das genügte. Wir hatten weniger Anlass zur Klage als die Mehrzahl der Europäer in jenen bitteren Jahren.

Nach einigen Tagen wurde ich von der Polizei nach Hause geschickt. Die norwegische Gesandtschaft hatte durch einen hohen Beamten interveniert, der mich auch sprechen konnte. Doch ausschlaggebend war der Einspruch Tranmäls bei Sozialminister Gustav Möller, der – mit seinem Staatssekretär Tage Erlander, dem Regierungschef der Fünfziger- und Sechzigerjahre – für die Flüchtlinge und deren polizeiliche Kontrolle zuständig war. Im Sommer 1941 wurde ich noch einmal aus einem Café gegenüber der Hauptpost festgenommen, um mich hernach von einem eher treuherzigen Sicherheitspolizisten fragen zu lassen: »Verhalten sich der Redakteur nun auch wirklich neutral?« Die Zeit des allgemeinen Duzens war noch nicht angebrochen, und in Schweden hielt man es, solange nicht »die Titel weggelegt« waren, mit der Anrede in dritter Person. Da konnte man auf Verdacht rasch zum »Doktor« befördert werden, fast wie von einem Wiener Ober zum »Herrn Baron«.

Danach hatte ich mit schwedischen Behörden keine Schwierigkeiten mehr. Doch offensichtlich war ich in eine Kartei gelangt, die Verdächtigungen wegen »Ostspionage« enthielt. Ende 1966, als ich Außenminister geworden war, wurde entsprechendes »Material« einer Stockholmer Zeitung zugespielt. Der Einfluss, den die Gestapo zeitweise auf Beamte der schwedischen Sicherheitspolizei ausübte, trug hier wohl noch einmal späte Früchte.

Anfang 1941, in den Tagen meiner Verhaftung, sah in Stockholm niemand klar und allzu vertrauensvoll in die Zukunft, auch ich nicht. Was würde mit Schweden geschehen? Wer wollte wissen, ob es der Regierung – in der während des Krieges alle Parteien mit Ausnahme der Kommunisten vertreten waren – wirklich gelingen werde, ihr Land dem nazistischen Machtanspruch zu entziehen? Was galt es im Kalkül der Nazis, dass Schweden ein potenter Lieferant von Eisenerz – und, zum Beispiel, von Kugellagern – war? Dass die schwedische Marine mithalf, die Ostsee für deutsche Frachter gefahrlos zu halten? Wenige Jahre später wurde aktenkundig, dass Hitler eine Weile geneigt war, Schweden in den Krieg gegen die Sowjetunion zu verstricken. Im Jahre 1942 und noch einmal 1943 erwog er, das neutrale Land militärisch zu bezwingen. Besonders bedrohlich war die Lage im Frühsommer 1941, als das Reich den Angriff auf die Sowjetunion begann. Auf Verlangen der deutschen (und der finnischen) Regierung wurde es einer vollausgerüsteten Division erlaubt, sich von Norwegen über schwedisches Gebiet nach Finnland zu begeben. Andere »Transitierungen«, vor allem deutscher Urlauberzüge, waren seit dem Sommer 1940 in Gang. In der Allparteienregierung hatte es dagegen, zumal von sozialdemokratischen Ministern, erhebliche Bedenken gegeben, doch die Konservativen und die Bauernpartei sprachen sich dafür aus, den deutschen Pressionen nachzugeben, um Berlin von härteren Aktionen abzuhalten. König Gustav kündigte Konsequenzen für den Fall an, dass den deutschen Forderungen nicht Rechnung getragen würde – was immer das bedeuten sollte.

Was damals genau vor sich ging, war in Schweden selbst nur in Andeutungen bekannt. Doch die Nachgiebigkeit gegenüber den deutschen Forderungen war in sozialdemokratischen, noch mehr in liberalen Kreisen erheblich umstritten! Ich war mit dem Herzen bei den leidenschaftlichen, humanistisch und freiheitlich gesinnten Antinazisten. Aber konnte man einer Politik, die alles versuchte, um das Land vor den Schrecken des Krieges zu bewahren, ein rationales und auch menschliches Verständnis versagen? Die Frage war: Wann würde der Preis zu hoch sein? Schweden blieb, zu seinem und zu unserem Glück, von einer radikalen Entscheidung verschont.

Endlich Frieden

Rut Brandt

Im April 1945 kamen die norwegischen Häftlinge aus den Konzentrationslagern in Deutschland zurück. Durch Vermittlung des Grafen Bernadotte hatte man sie freibekommen. Sie nahmen an der unglaublich bewegenden 1.-Mai-Demonstration in Stockholm teil. Zwischen Flüchtlingen aus vielen Ländern marschierten diese befreiten norwegischen Häftlinge, abgemagert, aber glücklich ins Leben zurückgekehrt.

Von Willys Freunden aus den deutschsprachigen Kreisen traf ich nicht viele. Aber ich kam mit zu ihrer Versammlung am Abend des 1. Mai. Alle wussten, dass der Krieg zu Ende ging, und irgendwann kam Willy, nein er rannte beinahe zum Rednerpult und bat ums Wort. Er las von einem Blatt Papier, dass Hitler am 30. April Selbstmord begangen habe. Ich weiß nicht, was danach geschah, ob die Versammlung weiterging oder abgebrochen wurde.

In den folgenden Tagen kreisten unsere Gedanken um nichts anderes, als dass es nun bald vorbei sei. Dänemark wurde am 5. Mai befreit, und die Dänen jubelten. Würde Norwegen ohne Kampf frei werden? Es waren noch über 300 000 deutsche Soldaten im Lande. Wie verliefen die letzten Tage in Norwegen? Ich lese im Tagebuch des Stationsvorstehers vom Hamarer Bahnhof:

»6. 5. Sonntag. Das ganze Volk in Spannung. Wird es zum Kampf kommen, oder werden die Deutschen freiwillig die Waffen strecken?

7. 5. Quisling sagt in einer Radioansprache, dass die deutsche Wehrmacht nach wie vor intakt sei. Aber glücklicherweise: Im Laufe des Tages wird von Schweden und Dänemark gemeldet, dass die Deutschen auch in Norwegen kapitulieren werden. Gegen Abend werden die Fahnen aus den Verstecken geholt, wo sie fünf Jahre gelegen haben. Die Verdunkelung wird mit sofortiger Wirkung aufgehoben. Die Straßen füllen sich mit Menschen. Nach fünf Jahren Maulkorb können die Norweger wieder frei jubeln.«

Ich saß am 7. Mai mittags im Fischrestaurant am Stureplan in Stockholm. Der Kellner kam zu mir und sagte: »Wir erwarten jeden Augenblick, die norwegische Fahne neben der dänischen und der schwedischen aufstellen zu können.« Da brauste es auf im Lokal. Die Leute klatschten Beifall. Ich sah den Kellner mit der norwegischen Fahne kommen. Ich legte meinen Kopf auf die Arme und weinte. Ich musste Willy anrufen, schluchzte ins Telefon: »Es ist Frieden, es ist Frieden, es ist Frieden.« Telefonate mit Freunden und Bekannten. Nirgendwo nahm jemand ab. Sie hatten eine halbe Stunde vor mir den Frieden erlebt.

Auf Kungsgatan brodelte und schunkelte es. Wir umarmten uns, weinten und lachten, riefen Hurra und »Der Sieg ist unser«. Die Lokale waren überfüllt. Aber allen wurde noch ein Platz freigemacht. Heute waren wir Brüder, Schweden, Dänen und Norweger. Immer wieder die norwegische, dänische und schwedische Nationalhymne. Viele fühlten den Drang, eine Rede zu halten. Die Gefühle explodierten. Die Freude war überwältigend und grenzenlos. Der Friede war ausgebrochen.

Ich blieb in Stockholm bis zum Herbst, um bei der Umstellung der norwegischen Botschaft zu helfen. Aber Stockholm war eine andere Stadt geworden, sie schien mir leer und beinahe fremd zu sein. Alle waren weg. Arthur war einer der ersten. Am meisten vermisste ich Tulla. Wir hatten unser ganzes Leben wie Pech und Schwefel zusammengehalten. Bei ihr suchte ich Zuflucht, wenn vieles zu schwierig wurde und wenn die Geldbörse leer war. Bei ihr bekam ich Bratkartoffeln und gute Ratschläge. Aber Willy war in Stockholm. Wir zogen in eine Pension am Strandweg und wohnten vornehm zusammen. Eines Tages im Mai fuhren wir mit dem Zug in die kleine Stadt Mariefred bei dem Schloss Gripsholm. Wir besuchten das Grab von Tucholsky und legten Blumen nieder.

Ein Ort der Verbannung

Peter Weiss

Für die Sommerferien mietete ich eine Waldhütte in der Nähe eines Bauernhofs, doch ehe ich dort mit Edna einzog, arbeitete ich einen Monat lang bei der Heuernte mit. Für das Tagewerk erhielt ich Essen, eine Schlafstelle in der Kammer des Knechts und ein Taschengeld, das dem Bauern, da ich Ausländer war, noch zu viel erschien. Ich hatte kein Recht, mehr zu fordern, ich war der Niedrigste auf dem Hof, und in der uralten Blindheit der Niedrigsten schuftete ich am härtesten. Vor Sonnenaufgang säuberte ich den Stall und fuhr den Schubkarren zum Misthaufen. Ich schüttete den Schweinen das Futter in den Trog und striegelte die Pferde. Ich tat, als sei ich gewohnt, mit Pferden umzugehn, doch die Pferde erkannten meine Unbeholfenheit und drückten mich wiehernd an die Plankenwände. Tagsüber war ich auf dem Feld und schwang mit der Gabel das Heu hoch hinauf auf den Wagen. Bei der Mahlzeit saß ich zuunterst am Küchentisch und stocherte im Fraß, mit dem der Knecht und die Mägde zufrieden waren. Die Milch war zu bläulicher Wässrigkeit entrahmt, das Fleisch war voll Knochen, Sehnen und Knorpel, die Winterkartoffeln waren muffig und von schwarzen Augen durchsetzt. Außer zerkochten Kohlrüben gab es kein Gemüse, Salat schien unbekannt. Der Ersatzkaffee war dünn und bitter und wurde zu trockenem Hartbrot getrunken, und anstelle von Zucker wurde uns eine Blechdose mit Sacharintabletten hingestellt. Während wir bei Tisch saßen, strich der Bauer, ein hagerer Mann mit einer Stahlbrille, um uns herum und schlug mit einer Klatsche die dicken blauen Fliegen tot. In der Stube nebenan aß er mit seiner Frau eine herrschaftliche Mahlzeit, trank Bier dazu oder fette Milch und nahm Sahne und Zuckerstücke zum duftenden Kaffee. Ich hatte vom Dasein der Häusler in der alten schwedischen Landwirtschaft gelesen, einige der gegenwärtigen Schriftsteller waren selbst noch in diesem Proletariat aufgewachsen. Es gab keine Leibeigenen mehr, die Knechte gehörten der Organisation der Landarbeiter an, und doch lebte auf diesem Hof der alte Geist fort, und niemand lehnte sich dagegen auf. Die Mägde hausten in einer fensterlosen Scheunenstube, und die Kammer, die ich mit dem Knecht teilte, wäre für ein Pferd unwürdig gewesen. Die Wände waren zersprungen und voll von Spinnweben, der Steinboden war kalt und feucht, und die zerschlagene Fensterluke war mit Zeitungspapier verklebt. Der Besitz des Knechtes, aus einem Sonntagsanzug, ein Paar Schuhen und einem Hemd bestehend, lag in einem Koffer verwahrt, und es gab keinen Tisch mit einem Brief oder einer Fotografie. Eine Flasche mit einer zertropften Kerze im Hals stand auf dem Boden. Elektrisches Licht war nicht vorhanden. Der Knecht schlief in dem Hemd, das er auch tagsüber trug, und während des Monats, den ich auf dem Hof verbrachte, legte er es nicht ab. In einem Gestell befand sich ein rostfleckiges Waschbecken, das wir jedoch nicht benutzten. Ich wusch mich unter der Pumpe, der Knecht, wenn er sich überhaupt wusch, unterm Wasserkran im Schweinestall. Meine Versuche, den Knecht auf die herrschenden Missverhältnisse aufmerksam zu machen, stießen auf einen stumpfen Widerstand. Der alte Vormann, der in einem Zimmer für sich wohnte, gab mir einen feindlichen Blick, wenn ich eine Kritik andeutete. Die Mägde kicherten nur, sie schienen nichts zu wissen und nie etwas wissen zu wollen. Und doch lag der Hof nicht fern von der Hauptstadt, und die Arbeiterpartei regierte das Land. Es war, als sei nach den Umwälzungen, den sozialen Neuerungen, etwas in einen Schlafzustand zurückgesunken. Eine Revolution hatte nie stattgefunden, den Arbeitern waren nur einmal alle Rechte zugesprochen worden, und damit war es gut. Man hatte sich gegen nichts mehr aufzulehnen. Ich sagte zum Knecht, der Bauer isst frische Kartoffeln, saftiges Fleisch, Butter und Sauce, und unser Fraß ist schlechter als das Schweinefutter. Er schnitt nur eine Grimasse und schüttelte den Kopf und sah sich verlegen um, als fürchtete er, man habe meine aufwieglerische Rede gehört. Ich fragte ihn, ob er nicht einen Raum fordere, in dem es sich leben ließ, ob er nicht einen Stuhl, einen Tisch brauche. Er sah mich verständnislos an und antwortete, dass ihm seine Kammer genüge. Auf meine Frage, ob er nie ein Buch lese, sagte er, dass er dazu keine Zeit habe und dass das nichts für ihn sei. Das Land war reich, vom Krieg verschont, und hatte den Ruf einer hohen sozialen Entwicklung, und doch bestand hier noch diese Verdunkelung, dieser Unwille vor Veränderungen, dieser Urzustand vor einer Aufklärung und Bildung. Da ich nichts zu verlieren hatte, ging ich an einem Sonnabend nach dem mageren Mittagessen, als wieder der Ersatzkaffee, der Ersatzzucker auf unserm Tisch stand, obgleich unsere Lebensmittelkarten mit den Abschnitten für Kaffee, Zucker, Butter und Fleisch bei der Bäurin abgeliefert worden waren, in das Zimmer des Gutsherrn. Dort nahm ich die Zuckerschale, den Buttertopf, die Kaffeekanne und die Sahne vom Tisch und trug sie zu uns in die Küche. Ich bestrich mein Brot dick mit Butter, goss mir Kaffee ein, nahm Zucker und Sahne, während Knecht und Mägde mich sprachlos anstarrten. Auch dem Bauern fehlten die Worte. Er war aufgestandanden und mir nachgegangen und stand mit offenem Mund hinter mir am Tisch. Die Bäurin erschien in der Tür und stand dort still. Ich zündete mir eine Zigarette an, rauchte und trank meinen Kaffee, und es wurde nichts gesagt, weil es nichts zu sagen gab. Der Knecht und die Mägde wagten nicht, sich vom Kaffee und von der Butter zu nehmen. Ich merkte, wie es in ihnen arbeitete, doch schließlich kamen sie nur zu dem Resultat, dass ich als Ausländer die Verhältnisse nicht kannte und hier bei ihnen nichts mehr zu suchen hatte. Am letzten Tag meines Aufenthalts war der Sohn des Bauern auf dem Gut anwesend. Er war vom Militärdienst auf Urlaub gekommen, trug seine Uniform und hatte sein Gewehr bei sich. Morgens im Stall war ihm ein Schuss abgebrannt, als er das Gewehr, mit der Mündung nach unten, auf den Fuß gestützt hatte. Da er auf einem morschen Holzboden stand, konnte die Kugel den Fuß glatt durchfahren, Knochen wurden nicht verletzt, nachmittags kam er aus dem Ortslazarett zurück, mit einem dicken Verband um die Fleischwunde. Er hängte sich das Gewehr gleich wieder über die Schulter und wollte abends zur Jagd auf den See fahren. Er forderte mich auf, ihn zu rudern. Ich nahm Platz auf der Ruderbank, und er saß mir gegenüber am Heck, streckte das verbundene Bein aus und legte das Gewehr über seine Knie. Mehrmals musste ich die Mündung des geladenen Gewehrs, die sich auf mich richtete, zur Seite schieben. Mücken schwirrten über dem Wasserspiegel, der Himmel war rot von der gesunkenen Sonne und der Wald stand schwarz und reglos um die Ufer. Die Ruderblätter tauchten ins Wasser, hoben sich langsam, und Tropfen fielen von ihnen herab. Da krachte der Schuss, es sauste in meinen Ohren vom Luftdruck, das Haar an meiner Schläfe war versengt. Ein Pulverschwaden stieg aus dem Gewehr. Die Ruderblätter waren hochgehoben, Ringe von den herabfallenden Tropfen breiteten sich im Wasser aus. Mir fiel ein, was ich irgendwo einmal gelesen hatte, dass man den Schuss, der einen trifft, nicht hört. Ich betastete meinen Kopf, während der Sohn des Bauern mich mit weit offenem Mund anstarrte. Der Nachhall des Schusses dröhnte noch. Und alles könnte jetzt in tiefster Stille liegen, in tiefster Schwärze. In dieser ewigen Nacht würden die Farben des Himmels, das Summen der Mücken, das Fallen der Wassertropfen weiterbestehen. Trotz tiefster Nacht in mir würde das Wasser das Rot des Himmels widerstrahlen, die Kühe würden auf den Weiden blöken und im Obstgarten würden die Äpfel an den Bäumen leuchten. Langsam trieb das Boot ans Ufer. Ich ging in das satte Grün der Waldung hinein und den Pfad entlang auf meine Hütte zu. Das Echo des Schusses war über der Landschaft verklungen. An den folgenden Abenden, als wir auf der Lichtung vor unserer Hütte saßen, Edna und ich, trat manchmal der Augenblick der völligen Stille ein, der Augenblick des Gedankens an den definitiven Abschied, und dann raschelte es schon wieder im Laub, im Sand von Würmern, Spinnen, Feldmäusen, dann pickte und zirpte es in den Bäumen von Vögeln und Eichhörnchen, und aus der Tiefe des Waldes kam das Knacken von Zweigen unter den Hufen eines Elches. Für Edna hatten die Geräusche der Natur etwas Vertrautes. Schon als Kind hatte sie jeden Sommer monatelang auf dem Land gelebt, sie war heimisch im Blaubeerdickicht, an den stillen schwarzen Waldseen, in den Hügeln, den Klippen, dem Birkengehölz, sie saß verschmolzen mit Wald und Feld, mit Gestein und Himmel, und so unbeweglich konnte sie sitzen, so dem Blattwerk, dem Gras, der Erde angepasst, dass ich sie, wenn ich nah an ihr vorüberging, nicht entdeckte, und dann rief sie mir den Ruf des Uhus nach, oder erschreckte mich mit dem Zischen einer Schlange. Ihr nackter, von der Sonne verbrannter Körper stand langgliedrig zwischen den Farnbüschen. Oft umband sie ihr Haar, ihre Hüften mit Birkenlaub. Im Moos, im Bett der Anemonen bot sie sich dar. Sie wollte auf der Erde, im Gras geliebt werden, umrieselt von Käfern und Sandkörnern. Ich war nur ein verlaufener Städtebewohner hier in ihrer Wildnis. Das Korn auf den Feldern, das saftige Gras, das welke Laub auf dem Waldboden erinnerte mich nicht an Fruchtbarkeit, an den Kreislauf der Jahreszeiten, es hatte für mich nur den Geruch der Vergänglichkeit. Ich konnte nichts anfangen mit dieser Natur, konnte sie weder beschreiben noch abzeichnen, ich hatte nichts für die Spinnen und die ewig summenden Mücken übrig, und morgens, nach dem Aufwachen, lag ich betäubt im Gepfeife der Vögel. Edna war längst verschwunden, badete im See, sonnte sich auf einer warmen Felsböschung, und ich saß untätig, mit einem Buch, einem Schreibheft in der Hütte am Tisch, hörte dem Schwirren der Vögel zu und blickte durch das Fenster hinaus in das dichte Grün, in dem es entfernt von Kuhschellen bimmelte. Die Geschwindigkeiten, in denen Insekten vorbeischossen, beschäftigten mich, und Erwägungen über die Ameisen, die, in unaufhörlicher Folge, von irgendwoher kommend, irgendwohin verschwindend, am Fensterbrett entlangwanderten. Während Edna singend und summend durch das Gebüsch strich, mit den Tieren sprach und die Gewächse beim Namen nannte, dachte ich an die Steinstädte, Industrievororte und Hafengegenden, in denen ich zuhause war. Ich begab mich zu den Stallungen des Bauernhofs, schwatzte mit dem Knecht, oder saß nur still in einem Winkel hinter der Scheune, wo ich eine kleine geschlossene Welt überblickte. Je länger ich hier verweilte, desto bedeutungsvoller erschien mir dieser Ort, der mit grauen zerfaserten Latten umzäunt war, und der den Misthaufen, den Geräteschuppen und den Abtritt enthielt. Der Schuppen war halb zerfallen, und krumme rostige Nägel ragten aus den Bretterwänden. Die Tür des Abtritts hing schief in den Angeln und ein Bündel langer Bohnenstangen stand in der Ecke, neben dem Schleifstein. Hinter dem Stall war ein Gehege für die Schweine, und ich sah ihre schnuppernden feuchten Rüssel zwischen den Balken und hörte, wie ihre Füße im Matsch wühlten und ihre borstigen Leiber sich am Holz rieben. Immer wenn ich mich hier aufhielt, war mir, als könnte ich ewig hier bleiben. Es war ein Ort der Verbannung, der Verdammnis, ein Ort, der an ein Bild erinnerte, das Swedenborg von seiner Vorstellung der Hölle aufgezeichnet hatte.

Der Reisegefährte

Per Olov Enquist

Dann wird er älter und beginnt, Trauer zu empfinden über seinen Vater Elof.

Er war ja ziemlich jung gestorben, was hatte er eigentlich erleben dürfen? Alles, was das Kind in der Lokalzeitung *Norra Västerbotten* las, vielleicht die Fußballergebnisse, wie es in der Küstenliga Nord stand, oder wie der Krieg verlief, über Panzerschlachten an der Ostfront, *die Panzerschlacht bei Kursk!* –, über all diese elementaren Ereignisse fehlte es dem Toten an jeglicher Information.

Es konnte wohl nicht immer Spaß machen, nur tot zu sein. Zur Rechten Gottes zu sitzen. Straßen aus Gold gab es ja da oben im Himmel, hatte seine Mutter versichert, und vielleicht war es schön, nachmittags auf diesen Stadtstraßen spazieren zu gehen, als wäre es in Skellefteå, also in der Goldstadt! Auf diesen Goldstraßen spazieren zu gehen. Spannend am Anfang. Aber irgendwann wurde es doch wohl ein wenig eintönig? Gab es im Himmel den Wald? Oder Schutzwehren? Nur in der Goldstadt spazieren zu gehen und zwischendurch nur hinunterblicken zu können auf das Kind, das dort unten geblieben war, wo all das Spannende passierte, in der Küstenliga Nord oder in Kursk.

War es da nicht seine Aufgabe, 'n Elof zu informieren und ihn teilhaben zu lassen? Teilhaben zu lassen an allem, was

Spaß machte. Zu erzählen. Nicht zu verzerren. Nein, dem Vater die ganze Wahrheit mitzuteilen.

Er begreift, was er zu tun hat. Er muss seinen Vater gleichsam herunterholen und ihn nicht nur Wohltäter sein lassen, sondern Reisegefährten.

Es waren ja Dinge geschehen, seit er gestorben war. Über die der Vater aber nicht informiert war. Dass eine Buslinie eingerichtet worden war zwischen Skellefteå und Hjoggböle. Die Erfindung des Holzgasaggregats, sodass man kein Benzin mehr brauchte für den Bus. Und vieles mehr! Der Vater würde ja total abgehängt von der Entwicklung, wenn sein Sohn nicht als Ratgeber und Informant einspränge, versucht er einmal seiner Mutter zu sagen; doch sie betrachtet ihn nur schweigend, streichelt ihm den frisch geschorenen Schädel, weicht jedoch einer Antwort aus. Eine Stunde später fragt sie *Redest du manchmal mit Papa?*

Er bejaht. Dann peng, Schluss mit den Fragen, aber sie wollte wohl nicht mehr wissen.

Am gleichen Abend sitzt sie lange allein und liest die Bibel mit Tränen in den Augen, steht nach dem Abendessen auf und geht früh zu Bett. In der Nacht hört er an ihren Atemzügen, dass sie unruhig oder gar nicht schläft. Am Morgen versucht er, sich zu erklären, ich habe doch jetzt die Verantwortung, wo Papa tot ist, ihn mitzunehmen sozusagen. Aber ihr Blick ist aufs neue verschlossen, fast verzweifelt, und keine Antworten, und er spricht nicht mehr davon.

Seine Mutter will nicht, dass sie Weihnachten allein sind.

Es ist ja das Fest der Freude – dort tief im Wald zu sitzen und die Geburt Jesu zu preisen, ist innig, aber etwas einsam. Auch Jesus war Einzelkind, wie sie zu sagen pflegt, und Josef war ja nicht Jesu Vater, betont sie: Maria war allein Jesu Mutter. In gewisser Weise wünscht sie wohl, dass dieses nahezu biblische Gleichnis in sein Bewusstsein einsinken soll. Es hilft nichts. Es ist trotzdem einsam. Keine heiligen drei Könige besuchen das eingeschneite grüne Haus.

Im Übrigen haben sie auch auf der mütterlichen Seite eine große Familie. Sie ist auf Gammelstället geboren, einem Bauernhof mit Cousins und Cousinen und Tieren und Großmutter.

Dorthin treten sie jedes Jahr zur Weihnachtszeit eine Expedition an.

Der Bruder der Mutter heißt John. Er hat vier Kinder, die also Cousins und Cousinen sind, eine Frau, sechs Kühe, zwei Pferde, Tindra und Stella, acht Schweine, die keine Namen haben, sowie einen Knecht, der in der Bodenkammer wohnt und nicht verheiratet ist und der einem deshalb leid tun kann. Der Altknecht hat Ekzem im Haar und kratzt sich mit dem Fingernagel, wenn er die Roggengrütze isst, *un dann tut e sich das Ekzem inn Mund rein.* Keiner mag das, aber er will sich nicht bessern. Am schlimmsten ist es beim Essen, weil es eng ist. Sie passen mit Mühe und Not alle an den Tisch, es ist *anderst* als nur zu zweit zu sein wie im grünen Haus, eigentlich viel besser, abgesehen vom Ekzem des Altknechts, wenn sie beim Essen sind.

Gammelstället lag an einem See, dem Bjursjö, sonst keine Häuser, abgesehen vom Larssonsgård. Es ging keine richtige Straße dorthin, man musste also zuerst den Bus nehmen, der mit Holzgas und von einem Chauffeur namens Marklin gefahren wurde, und bei dem Sumpf Harrsjömyren aus dem Bus springen, der trockengelegt war, unter anderem von der Mutter, als sie jung war, wie sie zu sagen pflegte, ohne dass ihr Bruder ihr widersprach. Dort sollte dieser mit einer *rissla* warten. Die *rissla* war ein Schlitten mit Krempen an den Kufen und Pelzdecken. Die *rissla* wurde von Stella gezogen, die lieber war als Tindra, die manchmal biss, besonders im Sommer, wenn das Kind da war und half.

Er sollte gleichsam eingeübt werden in die Heuernte in Anbetracht seines bevorstehenden Lebens als gutgestellter Landwirt, denn seine Mutter hat jetzt ein hohes Ziel ins Auge gefasst für den eingeborenen Sohn: Landwirt oder Pastor. Lieber Pastor.

Auf Gammelställlet war man nicht so innig gläubig, sie waren zwar keine Heiden, sondern eher unerweckt, aber man legte keinen Wert darauf, mit der Mutter darüber zu diskutieren.

Weihnachten mit Unerweckten machte mehr Spaß.

Die Großmutter hieß Johanna, und bei ihr durfte er unter den Schaffellen schlafen, außer im Sommer. Er las ihr vor. Manchmal ermahnte sie ihn, besonders das letzte Mal, als sie starb; immer, wenn er vorlas, musste ermahnt werden.

Als die Großmutter starb, hatte sie das *vonnem Papa unnem Schnaps* gesagt.

Das Kind sieht die Reisen nach Gammelställlet als Expedition. Sie ist von nicht geringem Schwierigkeitsgrad.

Das vertraut er 'm Elof an.

Weihnachtsexpeditionen sind nicht ungefährlich, pflegt er ihm zu sagen. Er erzählt, *ohne ihm unnötig Angst einzujagen* wegen dem, was passieren wird. Zuerst wartet man gegen sechs Uhr am Nachmittag unten am Milchbock, nach Einbruch der Dunkelheit, der gegen zwei Uhr erfolgt, und graut sich ein bisschen, dass etwas mit dem Bus passiert ist, sodass sie die Reise nicht antreten können. Dann kommt wirklich der Bus, man sieht die Lichter schon von Weitem, fast bei Forsen, sie werden größer und größer und der Bus hält wie auf Kommando. Es ist unterhalb des grünen Hauses, in dem sie wohnen und das der Vater mit Hilfe seines Vaters, der Dorfschmied war, gebaut hat, also bevor er starb und heimgeholt wurde, ja, das braucht man dem Vater *wirklich nicht zu erklä-*

ren. Dann steigen sie ein und bezahlen. Dann legt der Fahrer Marklin die Holzklötze in dem Holzvergaser, der hinten dranhängt. Der Holzvergaser ist, erklärt er dem fragenden Freund, der ja die technische Entwicklung nicht miterlebt hat, wie eine Dampfmaschine, die mit Holzklötzen befeuert wird, weil Krieg ist und Hitler Benzinmotoren verboten hat.

Jetzt folgt der Augenblick, in dem Marklin den ersten Gang einlegt.

Dann startet der Bus ganz langsam, er rollt vorsichtig an, weil bis zu Sehlstedts hinauf eine leichte Steigung ist, aber im Allgemeinen geht es gut. Dann fährt der Bus lange durchs Stockdunkle und hält erst an, als man schon von Weitem in der Dunkelheit ein gewaltig großes schwarzes Pferd vor einer *rissla* sieht: Die gehört dem Onkel, und darauf sitzt fast sicher ein Cousin, der Ivan heißt und gleichaltrig ist, und dann geht es ab durch den Wald.

Das Kind kann sich das ganze Jahr hindurch nach dieser eigentlich ziemlich abenteuerlichen Expedition sehnen. Oft hat es Angst, dass etwas *mankiert,* wie die Großmutter sich auszudrücken pflegte, wenn sie fein reden wollte: Zum Beispiel, dass kein Pferd mit Schlitten in der Pechschwärze dort bei Harrsjömyren steht, wo seine Mutter, als sie klein war, mit hohen Stiefeln watete, wie sie behauptet, und das Sumpfheu mähte, vor der Trockenlegung also. Und wenn der Schlitten nicht dort stünde, was würde eine arme Witwe mit kleinem Kind dann machen dort im Dunkeln, erfrieren oder verhungern oder sich vielleicht vergeblich eines Angriffs von Wölfen erwehren? Konnte man sich ja vorstellen. Auch wenn er ’n Elof nicht zu sehr ängstigen wollte, aber erfahren musste er es ja.

Mehrere Wochen vor dieser ziemlich gefährlichen und sehr abenteuerlichen Reise pflegte er sie *herbeizudenken.* Also: Zuerst betete er, eigentlich hauptsächlich der Mutter wegen, zu Jesus um Rat und Tat. Aber der Erlöser war selten zu Hause. Nicht dass das etwas machte, der Reisegefährte war ja immer zur Stelle. Dieser hatte die Expedition nie mitgemacht, es nie geschafft, bevor er starb, aber *jetzt kam er mit.*

So sollte es sein. Mit denen, die zum Himmel heimgeholt worden waren. *Man musste sie zurückholen.*

Es war schier zum Verzweifeln. De Elof musste ja Eigenschaften gehabt haben, die die Mutter verheimlicht hatte.

Er war geschickt, hatte man im Dorf gesagt, dem war wirklich der Daumen nicht mitten in der Hand gewachsen. Auf der Weihnachtsexpedition würde er mitkommen und helfen können. Im Bus zum Beispiel, er könnte Marklin beim Hantieren mit dem Holzgas zur Hand gehen, beim Sack mit den Holzklötzen mit anfassen und später unter den Schaffellen auf dem Schlitten sitzen und guten Rat geben, wie man im unbeleuchteten Wald, der vom Heulen der Wölfe widerhallte, den Weg fand. Dann das ganze Weihnachtsfest dabei sein, außer vielleicht nachts unter Großmutters Schaffelldecke; mit ihr wollte das Kind allein sein. Aber auch unter dem Fell der Großmutter wollte das Kind nicht erzählen, was der Grund für sein eigentümlich ruhiges, beinah lächelndes Schweigen war.

Der Reisegefährte war dabei, unsichtbar, ein wenig am Rand, aber wohlwollend und schweigend, allerdings mit erstaunten und großen Augen. Von dem Moment an, in dem Tante Lilly auf die Treppe vorm Haus hinaustrat und auf der Trillerpfeife nach dem Weihnachtsmann pfiff. Bis zu dem Augenblick, da der Weihnachtsmann aus dem Stall kam, in den sich vor Kurzem Onkel John begeben hatte, um Tindra und Stella zu versorgen, wie er zu den Kindern gesagt hatte, aber alle wussten ja.

All diese Information ließ er dem Reisegefährten schweigend zukommen, sodass dieser staunen, aber sich nicht täppisch benehmen sollte. Der Junge saß danach auf der Küchenbank und zählte seine Geschenke, mit stummen Lippenbewegungen wie im Gespräch mit einem Unsichtbaren. Und keiner sah, dass er seinen Vater dort auf die mit Fellen bedeckte Bank neben sich setzte, den Reisegefährten und Wohltäter, und alles war Freude und Glückseligkeit.

Keine Trauer, kein Verlust. Der Tote ist dabei. Er ist der Reisegefährte auf dem Fluchtversuch.

Julfest bei den Wikingern

Frans G. Bengtsson

Achtundvierzig mit Eicheln wohlgemästete Schweine, das war das Gewöhnliche, was König Harald zum Julfest schlachten ließ; und er pflegte zu sagen, dass es für alle einen guten Imbiss abgebe, wenn es auch nicht über die ganze Julzeit reiche; nachher müsse man sich eben mit Schaf- und Ochsenfleisch begnügen. Die Küchenleute kamen zu zweien, mit großen, dampfenden Kesseln zwischen sich, in langer Reihe daher; andere trugen Tröge mit Blutwurst. Küchenknechte mit langen Gabelspießen gingen nebenher; und sobald die Kessel bei den Tischen niedergesetzt waren, stachen sie mit ihren Spießen in die Brühe und fischten große Stücke heraus, die den Gästen der Reihe nach vorgelegt wurden, sodass niemand übergangen werden konnte; und jedem wurde eine gute Elle Blutwurst hingelegt, oder auf Wunsch noch mehr. Brotlaibe und gebratene Rüben gab es auf den Tischen in Tonschüsseln, und an den Enden der Tische waren Fässer mit Bier aufgestellt, sodass Hörner und Kannen immer gut gefüllt sein konnten.

Als das Schweinefleisch bis zu Toke und Orm gekommen war, saßen beide unbeweglich, dem Kessel zugewandt, und beobachteten genau, wie der Knecht mit seinem Spieß darin umherfischte. Sie seufzten vor Freude, als er schöne Bauchstücke für sie hervorholte und erinnerten einander daran, wie lange es her war, seit sie ein solches Mahl genossen hatten. Und sie wunderten sich, dass sie es so viele Jahre in einem Lande ohne Schweinefleisch hatten aushalten können. Aber als die Blutwürste herankamen, stiegen beiden die Tränen in die Augen, und sie meinten, nie mehr, seit sie mit Krok hinausgesegelt waren, eine richtige Mahlzeit genossen zu haben.

»Dieser Duft – das ist das Beste vom Ganzen«, sagte Orm still. »Es ist Thymian darin«, antwortete Toke mit gebrochener Stimme.

Er steckte seine Wurst so tief in den Mund hinein, als es nur ging, biss ab und kaute; darauf wandte er sich schnell wieder um und griff nach dem Bedienten, der mit dem Troge weitergehen wollte. Er bekam ihn an der Jacke zu fassen und sagte: »Wenn es nicht gegen König Haralds Befehl ist, so gib mir gleich noch mehr Wurst; denn im Lande der Andalusier, wo es keine rechte Speise für Männer gibt, ist es mir lange schlimm ergangen; und nun sind es die Blutwürste von sieben Julfesten, nach denen ich mich sehne, weil ich sie nicht zu schmecken bekommen habe.«

»Mir geht es ebenso«, sagte Orm. Der Diener lachte und meinte, König Harald habe Würste genug für alle. Er legte jedem ein gutes Stück von der dicksten Sorte vor, und nun waren sie beruhigt und machten sich ernsthaft ans Essen.

Eine gute Weile lang wurde nun nicht viel geredet, weder am Tisch des Königs noch an den anderen, außer wenn nach Bier verlangt oder mitten im Kauen das Julessen des Königs gerühmt wurde.

Orm zur Rechten saß ein junger Mann, der sein Essen mit einem Messer zerschnitt, das einen silbernen verzierten Schaft hatte. Er war von heller Hautfarbe und hatte langes und schönes Haar, das sorgfältig gekämmt war. Er gehörte zur Gefolgschaft Thorkels des Hohen, und da er am Königstisch so hoch oben saß, obschon er noch bartlos war, musste er von guter Herkunft sein; das merkte man auch an seinen feinen Kleidern und seinem silbernen Schwertgurt.

Als der erste Esseifer vorüber war, wandte er sich zu Orm und sagte: »Es ist gut, bei Festessen neben weitgereisten Männern zu sitzen, und ich glaube gehört zu haben, dass du weiter herumgekommen bist als die meisten.«

Orm gab zur Antwort, dass das stimme und dass er und Toke sieben Jahre in Hispanien gewesen seien. »Denn aus verschiedenen Gründen zog sich unsere Reise länger hin, als wir erwartet hatten, und viele von denen, die mit hinausfuhren, sind nie zurückgekehrt.«

Orm fragte den jungen Mann, wer er sei und welche Reisen er mitgemacht habe.

»Ich bin von Bornholm«, sagte der andere, »und heiße Sigurd, und Bue der Dicke war mein Vater. Von ihm hast du vielleicht gehört, wenn du auch lange im Ausland gewesen bist. Ich war mit dabei bei Hjörungavåg, wo er fiel, und mit Vagn und anderen wurde ich gefangengenommen. Und ich würde nun nicht hier sitzen und mit dir reden, wenn ich nicht mein langes Haar gehabt hätte, denn mein Haar hat mir das Leben gerettet, als die Gefangenen getötet werden sollten.«

Nun waren mehrere an diesem Tisch schon einigermaßen satt und fingen an, gesprächig zu werden; und Toke kam auch ins Reden und sagte, was der Bornholmer erzählt habe, höre sich seltsam an und möge eine gute Geschichte abgeben, denn er selber sei immer der Meinung gewesen, dass langes Haar dem Seefahrer mehr Schaden als Nutzen bringe. Thorkel der Hohe saß da und reinigte die Zähne in der höfischen Art, die unter bereisten großen Männern Brauch zu werden begann: Er saß zur Seite gewandt und hielt eine Hand flach vor den Mund. Er hörte dieses Gespräch und sagte, langes Haar habe Kriegern schon mehr als einmal Unglück gebracht, weswegen verständige Männer es sich stets unter den Helm aufzubinden pflegten; aber aus Sigurd Buessons Geschichte könne man lernen, dass dem Klugen auch langes Haar nützlich sein kann, und er hoffe, alle in der Halle würden diese Geschichte zu hören bekommen.

König Sven war nun guter Laune geworden, nachdem er anfangs finster geblickt hatte, als Styrbjörn ihm zu Gesicht gekommen war; er saß zurückgelehnt auf seinem Hochsitz, nagte an einem Schweinefuß und spuckte die Knochen in das Stroh auf dem Fußboden, während er zufrieden zusah, wie König Harald, der sich mit Styrbjörn über Frauen unterhielt, dauernd und mehr als jeder andere aß und trank. Er hörte, was über langes Haar gesagt wurde, und ergriff selbst das Wort, indem er sagte, dass ein kluger Krieger auch an seinen Bart denken müsse, denn in einem Kampf bei windigem Wetter könne ihn der Bart leicht im Sehen stören, gerade wenn es darauf ankomme, sich vor Hieb und Wurf zu hüten; und daher, sagte er, habe er es sich schon früh zur Gewohnheit gemacht, den Bart auf Heerfahrten stets geflochten zu tragen. Nun aber wolle er gern hören, welchen Nutzen Sigurd Buesson von seinem langen Haar gehabt habe, denn Männer, die bei Hjörungavåg mit dabei gewesen seien, pflegten nicht Mittelmäßiges zu berichten.

Bischof Poppo hatte nicht mit allem, was ihm vorgelegt worden war, fertig werden können und saß nun da und hatte vom Bier das Schlucken; aber er wollte sich trotzdem zur Sache äußern. Er sagte, dass er ihnen allen gern vom Königssohn Absalom erzählen wolle, der seines langen Haares wegen ins Unglück gekommen sei. Das, sagte er, sei eine gute und lehrreiche Geschichte, die in Gottes eigenem heiligem Buche geschrieben stehe. Aber König Sven sagte da gleich, er möge dergleichen Frauen und Kindern erzählen, wenn die es anhören wollten; und zwischen ihm und dem Bischof entstand nun deswegen ein Wortstreit.

Da sagte König Harald: »Bei einem Gastmahl wie diesem, das sechs Tage dauert, werden viele hier Zeit haben, etwas vorzutragen, und es gibt wenig, was besser ist, als eine gute Geschichte zu hören, wenn man sich satt gegessen hat und, dazu noch Bier in der Kanne ist. Denn so geht die Zeit zwischen den Mahlzeiten schnell hin, und es kommt über die Tische hinweg zu weniger Wortgefecht. Und zur Ehre des Bischofs muss ich sagen, dass er gute Geschichten kennt, denn ich habe selbst viele, sowohl von Heiligen und Aposteln wie auch von alten Königen im Morgenland, mit Vergnügen gehört. Er hat viel von einem, der Salomo hieß, gesprochen; der war von Gott geliebt und war wie ich, nur dass er allerdings noch mehr Frauen hatte. Und mir wäre es nach dem Sinn, wenn der Bischof sich als Erster ans Erzählen machte, noch bevor er vom Essen und Bier müde wird, denn das Jultrinken bekommt ihm nicht so gut wie uns, da er nicht beizeiten daran gewöhnt worden ist. Und nach ihm sollen andere erzählen: die bei Hjörungavåg mit dabei gewesen sind oder die mit Styrbjörn bei den Wenden waren oder sonstwo. Und hier sitzen auch Männer, die in Hispanien gewesen sind und mit einer heiligen Glocke bei mir angesegelt kamen und mir zu großem Nutzen gereicht haben. Und auch ihnen wollen wir, so lange dieses Gastmahl dauert, gern zuhören.«

Alle fanden, dass König Harald weise gesprochen habe, und es geschah nun so, wie er gesagt hatte; an jenem Abend erzählte der Bischof vom König David und seinem Sohn Absalom. Er sprach mit großer Klugheit und so laut, dass alle ihn hören konnten; und außer König Sven gefiel die Geschichte allen. Als der Bischof mit seiner Erzählung zu Ende war, meinte König Harald, dass diese Geschichte aus verschiedenen Gründen wohl wert sei, im Gedächtnis behalten zu werden, und Styrbjörn lachte und sagte, indem er König Sven zutrank:

»Vielleicht ist das ein guter Rat an dich, von nun an das Haar ebenso kurz zu schneiden wie ein Bischof.«

König Harald gefiel dieser Vorschlag; er schlug sich auf den Schenkel und kam so ins Lachen, dass die Bank des Hochsitzes bebte; und als seine und Styrbjörns Mannen ihre Herren lachen sahen, stimmten sie alle, auch die, die nichts gehört hatten, mit ein, sodass die ganze Halle dröhnte. Aber König Svens Mannen missfiel das, und er selber erblasste vor Wut und murmelte vor sich hin und biss sich in den Lippenbart und sah gefährlich aus, als ob er bereit wäre, aufzuspringen und gewaltsam zu werden. Styrbjörn saß vornübergebeugt und sah ihn aus seinen bleichen Augen an, in die kein Blinken kam, und dabei lächelte er; und nun war große Unruhe in der Halle, und es sah aus, als würde der Julfrieden schlecht geraten. Der Bischof streckte die Hände aus und schrie irgendetwas, das keiner hörte, und die Männer hielten einander über die Tische hin scharf im Auge und tasteten nach Gegenständen zum Zuschlagen. Aber die beiden Gaukler des Königs – zwei irische Männchen, die ihrer Possen wegen weitberühmt waren – sprangen nun auf den Tisch des Königs; sie trugen scheckige Jacken, hatten Federn im Haar und fingen an, mit ihren weiten Ärmeln flatternd sich zu brüsten und dabei zu scharren; und sie reckten die Hälse und krähten einander zu, sodass es allen schien, sie hätten noch nie einen wirklichen Hahn so gut krähen hören wie diese beiden; und bald hatten alle ihren Zorn vergessen und saßen schwach vor Lachen über diese Kunststücke da. Und damit war der erste Tag des Festes zu Ende.

Als man am nächsten Tage gegessen hatte und die Fackeln gebracht worden waren, erzählte Sigurd Buesson, was er in Hjörungavåg erlebt und welchen Nutzen er von seinem langen Haar gehabt hatte. Alle wussten von dieser Heerfahrt: wie die Jomswikinger und die Männer von Bornholm und

Schonen mit einer großen Flotte unter den Söhnen Strutharalds und Bue dem Dicken und Vagn Åkesson hinausgesegelt waren, um dem Jarl Håkan Norwegen wegzunehmen; und wie nur wenige von diesem Anschlag zurückgekommen waren. Daher erzählte Sigurd von alledem nicht viel, und er sagte nichts davon, wie Sigvalde mit seinen Schiffen aus der Schlacht geflohen war. Denn es hätte sich schlecht gemacht, von Sigvalde zu reden, während Thorkel der Hohe unter den Zuhörern saß, obschon alle wussten, dass Thorkel tapfer war, und dass er in der Schlacht einen großen Stein an den Kopf bekommen hatte und bewusstlos gewesen war, als sein Bruder davonruderte.

Sigurd war auf dem Schiff seines Vaters gewesen und hielt sich nur an das, was er selbst erlebt hatte. Er berichtete vom Tode seines Vaters: wie Bue, nach gewaltigem Kampf, und als auf seinem Schiff das Gedränge der Norweger groß geworden war, einen Schwerthieb über das Gesicht bekam, der die Nase und das meiste vom Kinn wegnahm; und wie er da seine große Truhe mit den Schätzen aufhob und mit ihr über Bord sprang; und wie da Bues Gefolgsmann, Aslak Holmskalle, einen Berserkergang ging ohne Helm und Schild – etwas, das man nun nicht mehr oft zu sehen bekam – und mit beiden Händen um sich haute; und wie er eisenfest war, bis ein Gefährte von Jarl Håkans Sohn Erik, ein isländischer Dichter, einen Amboss vom Deck aufhob und ihm damit den Schädel einschlug.

»Wir, die wir auf meines Vaters Schiff noch am Leben waren«, sagte Sigurd, »konnten da nicht mehr viel tun, denn wir waren nur noch wenige und dazu sehr müde; und alle unsere Schiffe, außer Vagns eigenem, auf dem noch gekämpft wurde, waren schon genommen. Wir wurden auf dem Vorderschiff zusammengedrängt, und bald konnten wir weder Hand noch Fuß rühren; zuletzt waren nur noch neun von uns übrig, alle verwundet; und da pressten sie uns zwischen die Schilde und nahmen uns gefangen. Waffenlos führte man uns an Land, und bald kamen auch die letzten von Vagns Schiff, und mit ihnen Vagn selbst. Er wurde von zwei Männern getragen und war gezeichnet von Schwert und Speer, er war müde und bleich und sprach kein Wort. Wir mussten uns am Strande auf einen Baumstamm setzen, und die Beine wurden uns mit einem langen Strick zusammengebunden, aber die Hände hatten wir frei. Da saßen wir nun und warteten, während man sich beim Jarl Håkan erkundigte, was mit uns geschehen sollte. Er befahl, uns sofort zu töten, und Jarl Erik, sein Sohn, und viele mit ihm, kamen um zuzusehen; denn die Norweger waren neugierig, wie Jomswikinger sich wohl verhielten, wenn es ans Sterben ging. Wir auf dem Baumstamm waren dreißig Mann: neun von Bues Schiff, acht von Vagns, der Rest von anderen Booten. Vagn selbst saß als letzter rechts. Und alle, die ich kannte von denen, die da saßen, will ich nun nennen.«

In derselben Reihenfolge, in der sie auf dem Balken gesessen hatten, zählte Sigurd alle auf, die er mit Namen gekannt hatte. Alle lauschten aufmerksam, denn viele, die er nannte, waren bekannte Leute und hatten unter den Zuhörern Verwandte. »Nun kam ein Mann mit einer Bartaxt«, fuhr Sigurd Buesson fort, »und er blieb vor Vagn stehen und sagte: ›Weißt du, wer ich bin?‹ Vagn blickte ihn flüchtig an, ohne sich weiter um ihn zu kümmern, und antwortete nicht, denn er war sehr müde. Der andere sagte: ›Ich bin Thorkel Leira, und du erinnerst dich vielleicht an dein Gelöbnis, mich zu töten und mit meiner Tochter zu Bett zu gehen.‹ Was er sagte, stimmte, denn das hatte Vagn vor der Heerfahrt gelobt, als ihm zu Ohren gekommen war, dass Thorkels Tochter das schönste Mädchen in Norwegen sei und noch dazu eines der reichsten. ›Aber jetzt‹, sagte Thorkel Leira und grinste breit, ›jetzt sieht es eher so aus, wie wenn ich dich töten werde.‹ Vagn sagte mit einem Anflug von Lächeln: ›Alle Jomswikinger sind noch nicht tot.‹ – ›Aber sie werden es bald sein‹, sagte Thorkel, ›und dafür werde ich selbst sorgen, damit in dieser Sache nichts versäumt wird. Du sollst erst alle deine Leute von meiner Hand sterben sehen, und dann sollst du ihnen unverzüglich folgen.‹ Damit ging Thorkel zum anderen Ende des Baumstammes und fing an, den Gefangenen die Köpfe abzuschlagen, Mann nach Mann, so wie sie dasaßen; er hatte eine gute Axt und ging mit Eifer ans Werk, sodass er nie zweimal zuzuschlagen brauchte. Und meiner Überzeugung nach mussten die Zuschauer alle der Meinung sein, dass Vagns und Bues Mannen sich angesichts des Todes gut hielten. Zwei in meiner Nähe Sitzende sprachen darüber, ob man wohl etwas spüre, nachdem man enthauptet sei, und sie waren sich darüber einig, dass man es schwerlich im Voraus wissen könne. Der eine sagte: ›Hier habe ich nun eine Spange in der Hand; und wenn ich noch etwas weiß, nachdem der Kopf herunter ist, werde ich sie in den Boden stecken.‹ Thorkel kam zu ihm; und als er zugeschlagen hatte, fiel jenem die Spange gleich aus der Hand. Darauf waren noch zwei übrig, bevor Thorkel zu mir kam.«

Sigurd Buesson blickte lächelnd auf die Zuhörer, die schweigend und gespannt dasaßen. Er hob seine Bierkanne und trank tief. König Harald sagte:

»Ich sehe, dass du den Kopf behalten hast, und an deinem Schlucken hört man, dass dein Hals keinen Schaden genommen hat; aber wie du diese beiden Dinge hast retten können, so wie es da auf dem Baumstamm für dich stand, das ist nicht ganz leicht zu begreifen, mag auch dein Haar noch so lang gewesen sein. Das nenne ich mir eine gute Erzählung! Lass uns nun nicht warten auf den Rest.«

Alle dachten wie König Harald, und Sigurd Buesson fuhr fort: »Als ich da auf dem Baumstamm saß, fürchtete ich mich wohl kaum mehr als die anderen. Aber es tat mir leid, zu sterben, noch bevor ich etwas getan hatte, das des Berichtens wert ist. Daher sagte ich zu Thorkel, als er zu mir herankam: ›Mir tut es leid um mein Haar, und ich will nicht, dass es blutig wird.‹ Damit strich ich es vornüber, und ein Mann, der hinter Thorkel herging – man sagte mir später, dass es sein Schwager war – trat vor und wand sich mein Haar um die Hände und sagte zu Thorkel: ›Schlag zu!‹ Das tat er, und im gleichen Augenblick zog ich den Kopf, so schnell ich konnte, zurück, sodass die Axt zwischen mich und den Schwager kam und ihm beide Hände abschlug. Die eine blieb in meinem Haar hängen.«

Alle in der Halle brachen in großes Gelächter aus, und Sigurd lachte selbst und fuhr fort:

»Ihr möget gut lachen; aber das ist nichts gegen das Lachen der Norweger, als sie Thorkels Schwager am Boden rollen und Thorkel dastehen und auf ihn niederglotzen sahen; einige fielen vor Lachen um. Jarl Erik kam zu mir heran und fragte: ›Wer bist du?‹ Ich sagte: ›Sigurd heiße ich, und Bue war mein Vater; und alle Jomswikinger sind noch nicht tot.‹ Der Jarl sagte: ›Man merkt, dass du mit Bue verwandt bist. Willst du, dass ich dir das Leben schenke?‹ – ›Von einem Mann, wie du einer bist, nehme ich das an‹, antwortete ich. Aber Thorkel behagte das gar nicht, und er schrie: ›Soll es nun auf diese Weise gehen? Da ist es am besten, dass ich mich mit Vagn beeile.‹ Damit hob er die Axt und lief auf Vagn zu, der am Ende des Baumstammes saß. Aber einer von Vagns Männern, Skarde, war der vierte vor Vagn, und ihm schien es nicht recht, dass Vagn erschlagen würde, noch bevor er an der Reihe war. Darum warf er sich über den Fußstrick vornüber, als Thorkel laufend daherkam, und Thorkel fiel über ihn hin, gerade vor Vagn. Der beugte sich nieder und ergriff die Axt, und man merkte ihm keine Müdigkeit an, als er sie Thorkel in den Schädel schlug. ›Das war das halbe Versprechen‹, sagte Vagn, ›und alle Jomswikinger sind noch nicht tot.‹ Die Norweger lachten nun noch mehr als zuvor, und Jarl Erik sagte: ›Willst du dein Leben geschenkt haben, Vagn?‹ ›Das will ich‹, sagte Vagn, ›wenn es für uns alle gelten soll.‹ – ›So sei es‹, sagte der Jarl, und damit wurden alle frei. Wir waren unser zwölf, die wir lebend vom Baumstamm kamen.«

Sigurd Buesson wurde für seine Geschichte sehr gelobt, und alle rühmten die Art, wie er aus seinem Haar Nutzen gezogen hatte. Es wurde nun viel hin und her über die Tische von seiner Erzählung und von Vagns Glück geredet, und Orm sagte zu Sigurd: »Viel von dem, was alle anderen wissen, ist mir und Toke unbekannt, weil wir so lange außer Landes waren. Wo ist Vagn nun, und wie ist es ihm, seit er vom Baumstamm mit dem Leben davonkam, ergangen? Nach deinem Bericht scheint es mir, als hätte er mehr Glück als sonst jemand, von dem ich gehört habe.«

»Dieses Urteil stimmt«, sagte Sigurd, »und sein Glück blieb nicht auf halbem Wege stehen. Er stand bei Jarl Erik in hoher Gunst, und nach einiger Zeit suchte er Thorkels Tochter auf und fand sie noch schöner, als er es sich gedacht hatte; und sie war gern bereit, ihm bei der zweiten Hälfte seines Versprechens zu helfen. Nun sind sie verheiratet, und es steht gut um sie. Er will nun gern mit ihr heim nach Bornholm, sobald er dazu Zeit hat; aber als man zuletzt von ihm hörte, war er noch in Norwegen und klagte darüber, dass es lange dauern würde, bis er von dort loskommen könnte. Denn mit dem Mädchen sind ihm so viele Höfe zugefallen, dazu auch bewegliches Gut, dass es mit dem Verkauf nicht schnell gehen kann; und Vagn hat nicht die Gewohnheit, ohne Not billig zu verkaufen.«

»In deiner Erzählung kommt etwas vor, woran ich immerfort denken muss«, sagte Toke zu Sigurd, »das ist die Truhe mit Bues, deines Vaters, Schätzen, die er mit sich über Bord nahm. Konntest du sie bergen, noch bevor du nach Norwegen fuhrst, oder hat ein anderer sie gehoben? Wenn sie noch auf dem Boden des Meeres liegt, so weiß ich, was ich tue, wenn ich nach Norwegen komme; ich fische dann nach ihr. Denn Bues Silber wäre diese Mühe wohl wert.«

»Nach der Truhe«, sagte Sigurd, »ist viel gesucht worden, sowohl von den Norwegern als auch von uns, die wir von Bues Mannen übrig waren. Viele versuchten es mit Greifeisen, aber nichts hakte sich daran fest; und ein Mann von Viken tauchte danach mit einem Strick, ist aber nicht wieder zum Vorschein gekommen, und seitdem sind alle des Glaubens, dass Bue Manns genug ist, seine Truhe dort unten festzuhalten und alle hart anzupacken, die den Versuch machen, an sie zu rühren. Denn er war stark, und an seinem Silber war ihm sehr gelegen. Erfahrene Leute sind sich ja einig darüber, dass die Kräfte derer, die in Hügeln wohnen, größer sind, als die der Lebenden; und so mag es sich auch mit Bue verhalten, obschon er nicht in einem Grabhügel sitzt, sondern auf dem Meeresgrund neben seiner Truhe.«

»Es ist schade um das Silber«, sagte Toke, »aber wahr ist auch, dass sogar der Behendeste sich alles andere wünschen würde, als unter dem Wasser von Bues Armen umklammert zu werden.« Damit ging dieser Abend zu Ende.

Der Sommer der Fischkastenschwenker

Per Anders Fogelström

In der ersten Juniwoche war der Neubau in der Stearinfabrik fertig, und damit waren Daumen und Henning ohne Arbeit. Sie gingen zusammen auf die Suche und verrichteten Handlangerdienste, wo immer sich Gelegenheit bot. Bis sich plötzlich durch Daumens Onkel Beckis eine Arbeitsmöglichkeit ergab. Er war in seiner Jugend Pechbrenner gewesen und gehörte jetzt zur alten Zunft der Fischkastenschwenker.

Nun lag er mit einem gebrochenen Bein zu Hause, ein Trupp Schuljungen hatte ihn auf der Treppe zum »Letzten Heller« umgeworfen. Er ließ sich überreden, mit seinen Zunftbrüdern zu sprechen, dass sie zwei strebsame Jünglinge mit bestem Ruf an seiner Statt arbeiten ließen. »Ebensogut wie die Reichen Unternehmen und Ämter erben, muss der Arme doch ein Gewerbe erben können«, sagte Beckis. Daumen könne es ja versuchen, und wenn er seinen guten Freund bei sich haben wolle, so mochte das wohl angehen. Beide seien ungeübt, da sollten sie ruhig zu zweit für den Lohn eines erwachsenen Mannes arbeiten.

Sie gingen zu Kalle Puckel und Kikus, den Ältesten der Zunft. Die bemühten sich, den Burschen einzuprägen, dass die Fischkastenschwenker keine gewöhnlichen Schauerleute seien, wenn sie ihre Arbeit auch im Hafen verrichteten. Die

Zunft habe gute Traditionen, und man nehme nicht jeden Beliebigen auf. Aber Beckis Empfehlung bedeute viel und Nachwuchs fehle. Während der ersten Tage würde sich Kalle Puckel Daumens annehmen, und Henning würde die Anfangsgründe bei Kikus lernen. Sobald sie mit den Handgriffen und Aufgaben vertraut seien, sollten sie selbstständig arbeiten dürfen.

Die Fischkastenschwenker hatten ihren Sammelplatz am Fischereihafen nahe der Schleuse. Der Hafen bestand aus einer Schwimmbrücke, die mit dem Plankensteg und dem Ufer ein offenes Viereck bildete. Den Platz auf der sechs Meter breiten Brücke mussten sich die Besatzungen der Fischerboote mit den Hafenarbeitern und den Fischweibern teilen.

Hier herrschte den ganzen Tag über Leben und Bewegung. Die Kutter liefen ein und aus, die Fänge wurden in großen Holzkisten an Land gebracht und versteigert. Die Fischweiber mit ihren Hals- und Kopftüchern standen unter flatternden Zeltbahnen, säuberten die Fische und versuchten, Kunden zu werben. Am dahintergelegenen »Fischersteg« lockten Ladenreihen und Bierstuben.

Dort klapperten Hufe und ratterten Karren, vom Eisengraben her hörte man klirrende Metallgeräusche. An den schmalen Anlegebrücken des Stadthofs drängten sich die Hafenarbeiter und die Bewohner der kümmerlichen Behausungen, die sich an den Fuß des Abhangs duckten.

Henning und Daumen waren vom fernen ruhigen Stadtrand in das Durcheinander und Gewimmel des Hafens gelangt. Am ersten Tag kam sich Henning ganz verwirrt vor, er fürchtete, über den Haufen gerannt oder ins Wasser gestoßen zu werden, und fragte sich, wie er den Weg zu seinen Schiffen finden solle.

Kikus war ein sehniger kleiner Alter, der schielte und Arme hatte wie ein Gorilla. Er redete nicht viel, machte lieber Andeutungen mit der Hand. Aber er war genau, wenn er die

Künste des Gewerbes lehrte, er zeigte sie immer wieder. Zuerst war da der Stein. Er wog fast hundert Kilo und war in der Mitte durchbohrt. Kikus zog einen Strick durch das Loch, band ihn sich um den Leib und schleppte den Stein zu dem Boot, das sie brauchte. Der Stein war zwar schwer an seine Stelle zu bringen, würde dann aber die meiste Arbeit verrichten.

Sie gingen an Bord eines Ewers von den Ålandsinseln, der in der Dämmerung festgemacht hatte. Die Fische konnten erst am Tag darauf versteigert werden. Aufgabe der Fischkastenschwenker war es, sie am Leben zu erhalten, indem sie das Schiff die ganze Nacht hindurch in Bewegung hielten, sodass das Wasser durch die Kästen zirkulierte.

Hoch oben, wo die Großbaumgaffel anlag, wurde ein Tau um den Mast geschlagen. An seinem unteren Ende wurde der Stein mit Hilfe eines Hakens befestigt, sodass er frei in der Luft hing. Henning musste an einem kurzen Strick ziehen, der um den Stein gebunden war, um diesen in pendelnde Bewegung zu bringen. Es dauerte eine Weile, bis er den Schwung richtig heraus hatte. Kikus fluchte und schimpfte. Ob er den Mast abbrechen wolle? Und wenn der Stein nicht weit genug pendelte, schrie er, er solle stärker ziehen, immer stärker, bis das ganze Schiff schaukele. Henning plagte sich und zog, so glaubte er wenigstens, in gleichmäßigen, großen Zügen. O-ho, o-ho! Man sollte dazu singen, vielleicht ein Ruckerlied. Aber Kikus schien das Singen nicht zu lieben.

Endlich war der Alte zufrieden. Der Stein pendelte gleichmäßig, das Schiff rollte im Takt. Henning hatte es geschafft. Nun musste er dem Stein nur noch dann und wann einen Stoß geben oder am Seil ziehen. Nun konnte er, an den Mast gelehnt, halb daliegen und die Sache in aller Ruhe betreiben. Er musste nur höllisch aufpassen, dabei nicht einzuschlafen.

Er sah den gewaltigen Stein über seinem Kopf hin- und herschwingen. Wenn nun das Tau riss? Wenn er es nicht ordentlich festgemacht hatte? Wenn der Haken nicht hielt? Aber der Stein pendelte ruhig über ihm, in sicheren Bewegungen, hin und her, hin und her – einschläfernde Pendelschläge.

»Der Schiffer spendiert eine Mitternachtsmahlzeit«, instruierte ihn Kikus. »Die gehört mit zum Lohn. Aber die Schnäpse und das Bier musst du dir selbst kaufen.« Henning wollte sagen, er möchte keine Schnäpse; wenn er sie tränke, würde er vielleicht einschlafen, statt, wie beabsichtigt, davon wachgehalten zu werden.

Aber er kam nicht dazu, etwas zu sagen, Kikus hatte die Sache gründlich durchdacht. »Wir haben ja ausgemacht, dass du dein Essen kriegst – also bekommst du die Getränke von mir.«

Kikus ging zum Schiffer, um die Bezahlung zu regeln. Während der Lehrzeit sollten Henning und Daumen keinen Lohn erhalten, den sollten die Lehrmeister kassieren. Henning konnte den Stein nicht sich selbst überlassen. Er wagte kaum einmal wegzublicken, aus Angst, der Stein könne aus dem Takt geraten oder die Richtung ändern, sodass der Mast gefährdet würde. Aber er konnte immerhin sehen, wie die Fischweiber ihre Zelte zusammenklappten, wie der Abend immer blauer wurde und die letzten rosigen Streifen im Westen verschwanden.

Noch einige Kutter begannen langsam zu rollen, ein Fischkastenschwenker nach dem anderen kam in Takt. Die Wellen klatschten an die Schiffsplanken, die kleinen Boote am Kai begannen zu schaukeln. Die Nacht zog herauf, und es wurde kühler. Henning knöpfte die Jacke zu. Er beschloss, sich einen Sack oder ein Kisseninlett zu beschaffen, das er mit Stroh ausstopfen könnte, um eine bessere Unterlage und etwas Weiches zum Anlehnen zu haben.

Gleich nach Mitternacht kam der Schiffsjunge mit zwei kräftigen »Landgängen«, einer Flasche Bier und den versprochenen Schnäpsen. Henning bat den Jungen, die Hälfte des

Branntweins zu trinken. Der tat das, ehe er sich noch von seinem Staunen erholt hatte, und so schnell, dass der Branntwein fast in die falsche Kehle geriet.

»Du hast es gesagt – es ist deine Schuld!« Der Junge hustete und wischte sich mit dem Jackenärmel die Tränen aus den Augen. Henning nickte, antwortete jedoch nicht; er lauschte und fragte sich, ob etwa Daumen die Schute unmittelbar am Fischersteg rollte.

Der Nachtwind spielte über das Wasser und trieb leichte, kleine Kräuselwellen vor sich her, die sich an dem Schwall der rollenden Fischerboote brachen.

Der Morgen kam und das Licht, die ersten Sonnenstrahlen wärmten die Fischkastenschwenker, die dösend an den Masten lehnten. Die Besatzung erwachte, zog Eimer mit Wasser herauf und wusch sich den Schlaf aus den Augen. Henning bremste die Schwingungen des Steins ab, brachte ihn zum Stehen. Ein Fischer half ihn aushaken, während Henning den Stein keuchend hielt und ihn dann vorsichtig herunterließ. Henning und die Besatzung des Ewers holten nun die Fische mit Keschern aus dem Fischkasten und packten sie in bereitstehende große Holzkisten. Am Kai sammelten sich die Aufkäufer und warteten, dass der Schiffer mit der Auktion begann. Während Henning und die Mannschaft die Fische heraufholten, kamen schon die Zurufe. Ein Teil des Fangs war für die Großhändler bestimmt. Den Transport übernahmen die Fischträger, eine besondere Gruppe von Arbeitern. Den kleineren Aufkäufern wurde ins Haus gefahren; Henning musste heute hinaus bis zu den »Drei Riemen« in der Regierungsstraße.

Die Transportkiste, »Trommel« genannt, wurde auf den zweirädrigen Karren gestellt, und Henning rollte mit ihm los. Der Karren hüpfte und holperte über das Kopfsteinpflaster. Endlich kam die Schiffsbrücke mit den zum Trocknen aufgehängten, im Winde knallenden Segeln wieder näher, Rauchwolken standen schwarz über den hohen Schornsteinen der Dampfschiffe. Überall drang wimmelndes Leben hervor. Die Stadt erwachte. Der Arbeitstag begann. Für Henning und Daumen war es jedoch Zeit, sich auszuruhen, zu schlafen.

An Regentagen schlief Henning auf seiner Matratze bei Großsack. Für die Zeit, in der Henning nachts arbeitete, hatte sich sein Zimmerwirt einen Gelegenheitsmieter verschafft; es wäre ja Sünde und Schande, den Schlafplatz nachts leer zu lassen. Der Schichtkamerad der Schlafstelle, »Wippsterz« genannt, war ein »leichtes« Mädchen. Großsacks Frau hatte alle Mühe, ihn aus dem Bett zu bringen, damit Henning rechtzeitig seinen Platz bekam. Zuweilen wälzte sich Wippsterz im Halbschlaf lediglich auf den daneben liegenden Kleiderhaufen und schlief weiter, während Henning, etwas irritiert, die Matratze umzuwenden versuchte, um dem Duft und der Wärme zu entgehen, die Wippsterz hinterlassen hatte.

Wenn es einigermaßen schön war, schlief Henning lieber in einem Gebüsch am Hammarbysee. Auch Daumen kam dorthin; zu Hause war es zu warm und zu laut. Sie rekelten sich unter den schattenspendenden Zweigen zurecht und schliefen, einen Arm als Kopfkissen benutzend. Sie erwachten manchmal vom Schwappen der Wellen oder vom Lärmen der Kinder, die im See badeten und planschten. Die beiden Fischkastenschwenker nahmen auch ein Bad, um richtig munter zu sein, wenn sie zu ihrer Nachtarbeit gingen.

Nach einigen Tagen durften sie zusammen arbeiten. Gemeinsam wuchteten sie den schweren Stein hinauf. Mitunter arbeiteten sie nach einem anderen System: Sie befestigten am Segelbaum ein Gewicht, legten sich bequem auf den Rücken und schwenkten den Baum mit dem Fuß.

Sie teilten sich das Mitternachtsmahl, bestellten mitunter noch eine Portion. Henning mied den Branntwein, doch Daumen nahm wenigstens einen: Man müsse die Sitten der Zunft achten!

Während das Schiff rollte, plauderten sie leise von der täglichen Arbeit und von dem Geld, das sie sich teilten, seitdem Daumen das Einkassieren übernommen hatte, und von den vielen kleinen Aufträgen, bei denen sie sich um die Wette bemühten, möglichst viel herauszuschlagen.

Sie sprachen über die Eigenheiten der Schiffer und der Fischweiber und über die Mägde und die feinen Damen aus der Gegend um die Schiffsbrücke, die einkaufen kämen …

In den hellen Juninächten sahen sie die Stadt in einem leichten, graublauen Schleier liegen; die Nacht war nur ein Nebeldunst über dem Wasser. Aus dem Dunst konnten sie Stimmen hören: Seeleute auf einem Schiff, das spät eingelaufen war, Nachtschwärmer, die aus einer der vielen Kneipen des Stadthofviertels nach Hause wankten.

An einem Juliabend kamen vollbesetzte Dampfschaluppen vom Tiergarten zurück; Schützen in Uniform, feingekleidete Damen und dicke Ladenbesitzer kehrten von der Poltawa-Demonstration im »Zirkus« zurück. Sie hatten gegen den Ukas des Zaren protestiert, alle Siegesfeiern in Russland mit Ausnahme des Erinnerungstages von Poltawa abzuschaffen. Das war eine Beleidigung der schwedischen Nation; nun würde man sicherlich im ganzen Land für ein Denkmal des schwedischen »Heldenkönigs« sammeln. Noch immer grollten sie, geballte Fäuste wurden emporgereckt, und irgendeiner pfiff den Björneborger Marsch.

Und der August: Die Nächte wurden schwarz, die Laternenanzünder kamen immer früher, und wo sie ihre Runde machten, erblühte eine kleine Lichtblume nach der anderen. Die Steine pendelten im Dunkeln, der Wind wurde kühler, schwarzes Wasser schwappte gegen die Planken der Fischerboote.

Henning und Daumen begannen sich heimisch zu fühlen; sie waren im Hafen gelandet und würden dort bleiben. Es war kein geachteter Arbeitsplatz: Sie gehörten zum »Hafenpack«, den Schauerleuten, was auch immer die alten Fischkastenschwenker sich einbildeten. Sie bekamen zu hören, dass das Hafenvolk eine Bande von Bettlern und Dieben sei. Die Polizisten könnten Strohhalme ziehen, wen sie festnehmen sollten, ohne Gefahr zu laufen, einen Missgriff zu tun; einen Unschuldigen würde es niemals treffen.

Die Arbeit im Hafen war hart, schlecht bezahlt, übel angesehen. Und doch gab es da eine Freiheit, wie sie die Fabriken und Werkstätten nicht zu bieten hatten. Trotz allen Schmutzes, aller Sauferei und aller Armut, allen Elends und aller Schufterei war im Hafen das Abenteuer nahe; Schiffe kamen aus fremden Städten, die Seeleute erzählten ihre Geschichten, jeder Tag war ein Lotteriespiel, bei dem der eine hungern und der andere sich abrackern musste.

Sie lagen auf einem rollenden Fischerboot und redeten miteinander. Sie waren keine Burschen mehr, sie waren Männer, die ihren Platz im Leben gewählt hatten.

Der Amerikafahrer – Wenn Bande zerreißen

Harry Martinson

Er begleitet Ahlbom zum Amerikadampfer. Sie haben ausgerechnet, dass das Geld für die Zigarren, die sie im Kirchspiel Tolg, Kreis Norrvidinge, anfertigten, nur für die Reise des einen von ihnen über das große Wasser ausreichen könne. Sie haben neunmal darum geknobelt. Das sind gerade dreimal drei. Und mit drei Würfeln aufs Mal. Sie spielten auf dem alten Tabaktuch, das einmal die Umhüllung für Tabak erster Güte franko Bremen gewesen war. Es war ein Tuch, das zur See gefahren war und immer noch einen Duft der Plantagen um Padang und Belawan-Deli in sich trug.

Die Fahrkarte nach Amerika fiel Ahlbom zu. Beim neunten Wurf entschied es sich. Er bekam sie. Ein Mehr an starrenden Würfelaugen hatte er schon vorher gehabt. Er machte eine missmutige Miene, weil er seine Freude nicht zeigen wollte. Und innerlich freute er sich, weil er, wenn er ehrlich sein wollte, nicht unzufrieden sein konnte. Nun hatte er die große Reise westwärts gewonnen, und Bolle ergab sich mit Fassung und Anstand darein, wenn es ihn auch schmerzte. Das ließ er sich nicht anmerken. Er empfand nur den Schmerz. Er spielte den Fröhlichen. Und jetzt, beim Amerikadampfer, fuhren sie mit diesem Kunststück fort, missmutig oder fröhlich zu tun, je nachdem, was ihnen zukam. Bolle machte ein selbstlos fröhliches Gesicht, und Ahlbom stand mit trauriger Miene da und hätte dem anderen die Reise über den Ozean gegönnt, die er selber leider antreten müsste – und deren er zuinnerst so froh war. Alles lief auf viel Lachen und viel Traurigkeit, Bedauern und Höflichkeiten hinaus. Die Zigarrenspanier tauschten eine Blütenlese weltmännischer Artigkeiten miteinander aus.

Diese Reise hättest du machen sollen, ich komme mir beinahe als Dieb vor!

Im selben Augenblick aber geht die erste Woge des Ozeans durch Ahlboms Herz. Der Wind duftet nach Salzwasser und Schiffen, und die Möwen schreien in den Wolken um die Masten, als wollten sie sagen: Los, geht in See, damit wir euch bis Rockhall und bis weit hinter die Shetlands begleiten können. Wir stellen die Eskorte. Nehmt Abschied von den schluchzenden Mägden und von den eisern Haltung bewahrenden Knechten! In See! In See!

Und jetzt kommen die Papierschlangen zum Vorschein. Auf Schiff und See verstehen die Auswanderer sich nicht. Aber Bande, die zerrissen werden, das begreifen sie, und als das Abfahrtssignal ertönt und die Glocke zum dritten Male läutet, holen alle ihre Papierschlangen hervor. Während ein jeder sein Ende festhält, auf dem Kai und auf dem Schiff, werden die Vertäuungen losgeworfen und wird das Schiff von der Pier wegmanövriert. Der Abstand vergrößert sich, die Schlangen spannen sich straffer und straffer, werden länger und immer länger, und die Möwen des Meeres feuern immer heftiger an. Nun, reißt doch endlich!

Aber die Papierschlangen sind lang. Sie spannen sich wie seltsame, bunte Wurfleinen noch viele hundert Fuß weit, ja, mitunter beinahe tausend Fuß weit, bis es aussieht, als sei das große Schiff als Ganzes mit tausend Banden, die sich immer weiter strecken, dem Lande verbunden – bis das Winken und Tücherschwenken aller Menschen da und dort das Winken eines Landes zum Winken eines Schiffes wird.

Der winkende Kai gleitet tiefer zurück. Das winkende Schiff gleitet weiter hinaus. Der Kapitän auf der hohen Brücke ist für einige Minuten der seltsame Meerkaiser über ein Doppelreich. Er herrscht über zwei Reiche, die auseinander-, weiter und weiter voneinandergleiten. Die Möwen aber tauchen in die Tiefe und feuern an. In wirbelnd-schwebenden Scharen tauchen sie zu der tausendfädigen Hängebrücke von Schlangen hinunter, die jetzt zu zerreißen beginnt, Band um Band.

Der Kapitän auf der Brücke, der dazu beigetragen hat, die Feierlichkeit etwas länger dauern zu lassen, spürt die Wirkung der Strömung am Schiff. Rudermanöver werden nötig. Nun müssen alle Bande zerrissen werden. Jetzt! Erst jetzt, in diesem Augenblick, da es der Strömung wegen unbedingt nötig ist, entzieht er das Schiff mit höflichem, taktvollem Schifferherzen dem Lande. Die tausend und abertausend Bande zerreißen, die Enden der Schlangen fallen ins Wasser. Und da erhebt sich ein Jubelchor von allen Möwen des Meeres und des Hafens zum Himmel: Endlich! Sie sind zerrissen! Wir gehen in See! Matrosen, Matrosen! Eure Zeit ist gekommen! Euer Augenblick! Wir treffen einander, wir treffen einander da draußen auf den Wogen des Ozeans!

So empfand Bolle es, als er da stand. Und in diesem Augenblick durchfuhr ihn so etwas wie ein Schrecken vor der saugenden Macht des Ozeans. Gott im Himmel! Wie der anzieht! Ich wäre verloren. Wenn ich dem nur einen Finger gäbe, würde ich Leib und Seele bald im grundlosen Meer baden.

Für Bolle war die Sache nicht ganz ohne doppelte Bedeutung. Er hielt die Enden von zwei Schlangen in den Händen, als er da unter tausend anderen Leuten stand und das Amerikaschiff vom Kai ablegte. Die eine Schlange war grün und die andere rot. Das Papierband, das zu Ahlbom an Bord des Schiffes führte, war das grüne. Und er empfand einen Schmerz, als es zerriss. Er war so abhängig von Ahlbom gewesen. Von seinem Urteil, von seiner Art und Weise, Tabak zu betrachten, und seiner Art zu denken bei allem, was Zigarren betraf. Alle, die um ihn herum auf dem Kai standen und Abschiedstränen weinten, redeten von Banden, die zerrissen. Gleich zerreißen sie!, riefen die Weinenden. Gleich zerreißen die Bande!

Man stieß einander so, dass eine von den Frauen über die Kaimauer hinausgedrängt wurde und ins Wasser fiel, wo sie von einem Hafenwächter aufgefischt werden musste, der mit Trossen zwischen einem Schiff und ein paar Bojen unterwegs war.

Die Möwen in der Luft stießen einen gellenden Schrei aus und stürzten sich schadenfroh in die Tiefe, als wollten sie über die pudelnasse, entsetzte Magd aus Dalekarlien herfallen und sie verzehren; die kämpfte jetzt ums Leben, und auf ihren altmodischen, luftgefüllten Röcken saß und schaukelte sie gleichsam auf dem Wasser und vermochte sich so lange oben zu halten, bis der Hafenwächter bei ihr angelangt war und sie auf eine der Hafentreppen retten konnte. Das abgerissene Ende der Schlange hielt sie immer noch in der Hand, und auf der Kaitreppe kauernd, schrie und winkte sie verzweifelt in die von Möwen durchwirbelte Kluft hinaus, über welche die Hängebrücke der Papierbänder sich spannte – leicht, wie nur ein Traum sich zu spannen vermag, und nur von Faltern und Träumern zu betreten.

Die Möwen, die alle Augenblicke zwischen die Schlangen schwenkten, krächzten jedesmal schrill und böse, wenn sie mit einem vom Winde zusammengewehten Knäuel symbolischer Bande zusammenstießen. Niemand auf den Kais und niemand an Bord des Schiffes schenkte dem schreienden armen Mädchen in seiner altmodischen Halbkrinoline Aufmerksamkeit, nur die Hafenwächter und die Möwen.

Der Hafenwächter war das ruhig wachende Auge des Hafens, was auch geschehen mochte, und seit vielen Jahren mit

Schiffen und Abschied über das Meer wohlvertraut. Er ließ sich von dem raschelnden, papierenen Surren der Tausende von Papierbändern oder den weinenden Menschenmassen nicht mehr stören oder verwirren. Bolle, der in die schreiende Menschenmenge eingekeilt dastand, war ganz darin versunken, zum Vorderdeck des Schiffes hinaufzustarren. Das grüne Band, das zu seiner Linken führte, war schon gerissen, und er fühlte, wie die Schlange, anstatt sich durch die Luft zu spannen, jetzt schlapp ins Wasser hinunterhing. Noch aber spannten sich viele hundert Schlangen durch die Luft zwischen den beiden Menschengruppen, und die zweite, die Bolle festhielt, die rote, führte immer noch bis aufs Vorderdeck des Schiffes. Und da stand, was schwer zu ertragen war, Dolly stand dort! Die Zigaretten-Dolly von Lindström & Brattbergs Fabrik! Die rote Schlange ging wie ein Streifen Blut von seinem Herzen zu ihrem. Und je weiter sich dieses Traumseil spannte und aus seinem Herzen abrollte, um so schwerer wurde es für ihn, nicht zu schreien, wie die Frauen um ihn herum und die Möwen des Hafens. Denn nicht genug damit, dass sie wegfuhr! Nein, sie fuhr obendrein mit einem andern. Aber nicht mit Cagliostro. Der hatte allem Anschein nach schon längst die seidene Schnur bekommen.

Jetzt war es ein ganz anderer. Wer es war, hatte Bolle nicht erkennen können in dem kurzen Augenblick, in dem er ihn zu sehen bekommen hatte, bevor Dolly ihn mit eifrigen Gebärden förmlich gejagt hatte, vor ihr an Bord zu gehen und bei der großen Menge auf dem Vorderdeck zu bleiben, damit Bolle sich nicht unnötig quäle. Soviel aber hatte Bolle doch festgestellt: Cagliostro war es diesmal nicht.

Bolle empfand in diesen Augenblicken eine gewisse Zuneigung für Cagliostro.

Nun, was blieb einem dabei übrig! Natürlich fuhr sie, mit wem sie wollte und den sie am besten leiden mochte. Sie hatte ihren freien Willen. Und machte davon Gebrauch. Hin und wieder, sozusagen. Das einzig Missliche an dem ganzen Märchen war, dass Bolle unglücklich verliebt in sie war. So etwas gehörte auch zu den Dingen, die sich nicht ändern lassen. Auf alle Fälle war sie so rücksichtsvoll gewesen, ihren neuen Auserkorenen voraus an Bord zu schicken. Und dafür musste man dankbar sein, wenn man unglücklich verliebt in sie war. Sie war eben nicht ohne Takt und Rücksicht. Solange es möglich war, versteckte sie ihre verschiedenen Bräutigame voreinander in den unübersehbaren Volksmassen. Später, als Ahlbom schon an Bord gegangen war, stand sie noch ein Weilchen bei Bolle auf dem Kai. Ahlbom musste derweil auf dem Achterdeck stehen und sich mit etwas anderem unterhalten. Bolle winkte geistesabwesend mit einem Taschentuch zu ihm hinauf, damit Ahlbom sich nicht gar zu stiefmütterlich behandelt vorkäme, bevor er seine lange Reise antrat. Das Taschentuch aber war – schlimm genug, das zu sagen – nur ein Aushängeschild, denn Bolle war in Wirklichkeit mit Augen, Ohren, Vernunft und allen übrigen Sinnen einzig und allein bei Dolly. Denn gab es ein Bild, das er mit seinen Augen verschlingen, in seine Seele aufsaugen und mit allen seinen Sinnen in sich aufnehmen wollte, dann war das Dolly jetzt in der Stunde des Abschieds.

Mochten diese Minuten in alle Ewigkeit dauern! Nein, vielleicht lieber doch nicht …

Eigentlich war er ja nicht zum Amerikadampfer mitgekommen, um Abschied von ihr zu nehmen, sondern von seinem Kameraden Ahlbom. Nun aber stand er da als der hilflose, stammelnde Tropf, der aus allen Bereichen verschmähter Liebe bekannt ist. Als aber die Schiffsglocke zum dritten Male läutete, schloss Dolly ihn in die Arme: innig, liebevoll und fest. Und er durfte sie küssen. Sie weinte, als sie von ihm wegging.

Ja, sie war nicht zu begreifen, diese Dolly!

Dann kam die Papierschlange zu ihm heruntergesurrt. Fang sie! Pass auf!, rief sie. Und ihre Augen standen voller Tränen, ohne dass sie eine Zwiebel gebraucht hätte. Dann begannen die Bande sich zu spannen, die zerreißen sollten. Die Landgänge wurden eingeholt, die Schiffspforten geschlossen, Leinen und Trossen an Bord gehievt, die Schlepper verrichteten ihren Dienst wie Arbeitsbienen an dem Riesen, und die Möwen schrien. Und Bolle floh voll überspannter Gefühle zu all den anderen hinterlassenen Menschen, als sie da, von einer Panik des Schmerzes und der Abschiedssehnsucht gepackt, einander drängten und in weinenden Scharen die Kais verließen und stadtwärts wanderten, wo sie im Nu verschwanden. Manche von ihnen hielten immer noch ein Stückchen des abgerissenen Papierbandes in der Hand oder hatten es sich um den Hals geschlungen.

Als die heilige Überspanntheit ihre Macht verlor und sie entdeckten, das Stückchen Schlange sei ja nur ein Streifen buntes Papier, bemächtigte sich ein Gefühl von Traurigkeit und Trivialität ihrer Herzen. Denn die Wirklichkeit hält nur sehr selten den Vergleich mit ihren eigenen Wogenkämmen von Sehnsucht und Leben aus. Und da schnitt es ihnen ins Herz unter den geänderten Kleidern, da saß die Bosheit wie ein Klumpen im Hals, und der Kaffee im Auswanderercafé schmeckte nicht mehr nach Amerika, wie vorher, sondern war nur eines Zurückgebliebenen Kaffee, und er wurde kalt in der Tasse.

Die Gefühle stürzten zusammen zwischen den traumhaft übertriebenen Plakaten der Kaffeehauswände, welche die Schiffe der Weißen-Stern- und der Cunard-Linie auf den Wogen des Atlantischen Ozeans zeigten. Die Hinterbliebenen trösteten einander. Sie halfen einander weinen und Tränen trocknen. Sie fingen an, neue Sparpläne für eine Zukunftsreise über den Ozean zu schmieden. Und dann zogen sie wieder heim in ihre Dörfer wie an Babylons Wasser.

Schiffsreise von Stockholm nach Strängnäs

Carl Jonas Love Almqvist

An einem schönen Donnerstagmorgen im Monat Juli strömten viele Leute an der Riddarholmkirche in Stockholm vorbei und eilten den Hügel zwischen Kammergericht und Staatskontor hinab, um rechtzeitig unten am Mälarufer zu sein, wo die Dampfschiffe lagen. Alle eilten zur *Yngve Frey*, liefen rasch am Ufer entlang, denn die Zeit zur Abfahrt war schon gekommen, und der Kapitän kommandierte: »Besucher von Bord!«

Die Besucher nahmen deshalb hastig Abschied von ihren abreisenden Freunden und gingen zurück an Land. Der Steg wurde eingeholt, und der Dampfer legte ab. Nach einigen Minuten war er weit draußen auf dem Wasser.

»Vergebens! Zu spät, liebe Frau!«, murmelte der eine oder andere Reisende belustigt vor sich hin, als man eine ältliche Frauensperson zum Riddarholmufer herunterkommen sah, die sich mit Taschentuchwinken und heftigen Gebärden als Passagier zu erkennen gab, der mitgenommen werden wollte. An Land lag keine Schaluppe bereit, und der Dampfer war schon bei Owens angelangt, ja, er schoss pfeilschnell am Garnisonskrankenhaus vorbei.

Als man jedoch von einer jungen Reisenden auf dem Vorderdeck ein paar halblaute Rufe, »Tante! Tante!«, hörte – sie schien sich zu genieren, laut zu rufen, war jedoch offenbar bedauerlicherweise von einer Verwandten getrennt worden, wahrscheinlich einer Reisebegleiterin, mit der sie gerechnet hatte und die ihr wichtig war –, da entstand unter den Passagieren eine gewisse, wenn auch rasch vorübergehende Bewegung.

Aber man ist oft so egoistisch, dass man seinen Nächsten vergisst, und Leute, die Billetts für Salon und Achterdeck gekauft haben, fragen nicht sonderlich danach, was dem Pöbel dort vorn auf dem Vorderdeck und an der Back widerfährt. Die »besseren« Reisenden waren diesmal ältere Herren, die fast alle verdrossene Gesichter machten. Sie wurden von Frauen begleitet – und von Kindern, nicht gerade vom jüngsten Jahrgang, aber in dem unreifen Alter, in dem die Naivität verschwunden und noch nicht durch Gefühl und Vernunft ersetzt ist. Solche Menschen sind höchst egoistisch, und das aus verständlichen Gründen. Diese wohlerzogenen Kinder sind für gewöhnlich außerstande, sich selbst zu helfen, sodass sie jeden Augenblick Hilfe verlangen: Einmal ist der Schnürsenkel aufgegangen, dann ein Handschuh ins Wasser gefallen; einmal sind sie hungrig, dann durstig, und die ganze Welt ist für sie aus den Fugen. Das macht die Reise sehr beschwerlich für ihre Mütter, die genug Mühe mit sich selbst haben, um die schmalen Schiffstreppen hinauf und hinunter zu gelangen. Und die Familienväter? Sie versuchen sich zwar mit Tabakschnupfen und Zeitunglesen aufzumuntern, aber auch das scheint nicht zu helfen. Sie können anderen Leuten nicht viel Aufmerksamkeit widmen, da sie genug mit ihrer Selbsterhaltung zu tun haben, mit ihren Frauen, ihren Kindern. Vor allem aber müssen sie mit großer Sorgfalt überlegen, was sie wagen könnten, an Bord zu verzehren, ohne sich völlig den Magen kaputt zu machen. Der Grund ist ganz natürlich: Wenn die reine Freude der Seele – das beste Heilmittel für die Unpässlichkeiten und Schwächen des Körpers – fehlt, ist man ständig für alles Mögliche anfällig, einem wird übel von dem, was man isst, und von dem, was man nicht isst. Viele Herren hier hatten noch die Nachwirkungen der Cholera in Erinnerung. Kein Wunder also, dass jeder nur an sich selbst dachte und mit würdevollem Gehabe, das einem römischen Senator angestanden hätte, überlegte, erwog, Rat einholte und schließlich, soweit möglich, den Plan für die Verpflegung und weitere wichtige Umstände während der Reise festlegte.

Wäre unter den Passagieren der Salonklasse eine jüngere und unverheiratete Mannsperson gewesen, hätte sie vermutlich Zeit gehabt, das arme Frauenzimmer auf dem Vorderdeck, das von seiner Tante getrennt worden war, zu bemitleiden, zumindest zu ergründen, wie die Verlassene aussah, und nach ihrem Namen zu fragen.

Diesmal befand sich unter den besseren Leuten auf der *Yngve Frey* keine derartige Mannsperson. Doch unter den Passagieren auf dem Vorderdeck war ein hoch gewachsener, hübscher Unteroffizier – ja, ohne Vorbehalt gesagt, ein Sergeant –, der sich, aus Geldmangel oder anderen Gründen, auf dieser Reise mit einem Decksplatz begnügte. Zuvorkommend und manierlich unterhielt er sich indes mit dem einen und anderen Familienmitglied unter den Salonpassagieren. Er wurde von ihnen nicht abgewiesen, denn sein Schnurrbart war dunkel, hochgezwirbelt und beinahe schön, sein Tschako schmuck genug, um den Frauen nicht zu missfallen, und eine gewisse Männlichkeit in seinem Wesen bewirkte, dass sich die sonst vornehmen und steifen Herren Väter auf ein Gespräch mit einer Person einließen, die das stille Versprechen in sich zu tragen schien, nicht auf der Unteroffiziersstufe stehen zu bleiben, sondern mit der Zeit, wenn auch nicht die Bahn eines Hauptmanns oder Majors, so doch die eines Leutnants einzuschlagen.

Der junge adrette Sergeant hatte sie, die von ihrer Tante getrennt worden war, auf dem Vorderdeck erspäht, und es weckte seine Aufmerksamkeit, dass sie statt des kleinen, niedlichen Frauenhutes aus weißem Kambrik, den sie bei der Abreise getragen und dann hatte verschwinden lassen, nun ein Seidenkopftuch über den Scheitel gebunden hatte, wie es die Dienstmädchen zu tragen pflegen. Man musste sich also fragen: War diese Reisende Demoiselle oder Dienstmagd? Und – was sie auch sein mochte – wie kam es, dass sie die Kopfbedeckung gewechselt hatte?

Der Sergeant, dessen Interesse durch ihr Missgeschick geweckt war, begann sich mehr und mehr auf dem Vorderdeck aufzuhalten, wohin er rechtens auch gehörte, und er war immer weniger auf das Gespräch mit der Salon-Noblesse erpicht. Mir scheint, sagte er zu sich selbst, dass dieses hübsche Mädchen Demoiselle ist – irgendwoher aus der Provinz wahrscheinlich – und sich auf dem Weg nach Hause befindet, sie wird begleitet und beschützt von einer älteren Verwandten, die durch ihre Kaffeetasse gehindert wurde, rechtzeitig den Dampfer zu erreichen. Das Mädchen legt nun schnell den Hut und damit das Aussehen einer Demoiselle ab, um den unschicklichen Eindruck einer Reise ohne Begleitung zu vermeiden. Mit dem Umbinden des Kopftuchs macht sie sich zur Jungfer, gleich den übrigen vier, fünf Jungfern hier auf dem Vorderdeck, und als eine von ihnen kann sie nun, zumindest die ganze Strecke über den Mälarsee, ohne üble Nachrede reisen, auch ohne Tante.

Richtig gedacht oder nicht – den Sergeanten beschäftigte der kleine Auftritt. Aber ob das Mädchen nun von besserem oder niederem Stand war, verblieb für ihn unklar; jedenfalls war sie recht nett und hübsch in ihrem dunkelblauen Mantel. Das große Seidentuch aus feinem zartrosa, fast weißem Stoff mit schmalen grünen Streifen hier und da, das sie unter dem Kinn gebunden und über dem Kamm im Nacken geschmackvoll zu einem Kopftuch – oder Häubchen, wie es früher geheißen haben mag – drapiert hatte, gefiel dem Sergeanten und ließ ihn den Kambrikhut nicht vermissen.

Er ging hinunter zum Kapitän, um Auskunft über sie einzuholen. Nach einigem Suchen in der Passagierliste stellte er fest, dass sie Sara Videbeck hieß und Glasermeisterstochter aus Lidköping war. Eine ungewöhnlich ausführliche Auskunft auf der Passagierliste eines Dampfers! Aber das kam daher, dass sie ihren Pass mithatte, den Dampferpassagiere sonst selten bei sich führen, und dass sie so viel Ordnungssinn besaß, ihren Pass während der Reise beim Kapitän zu deponieren, um gegen alle Missgeschicke gesichert zu sein.

Der Sergeant saß in Gedanken versunken unten im Speisesalon – wohlgemerkt, im Speisesalon! –, zu dem die Passagiere vom Vorderdeck, zumindest diejenigen, die mutig und flott genug waren, während der Mahlzeiten Zutritt haben. Es war nun etwa Frühstückszeit, oder man machte diese Stunde dazu, indem man sich etwas zu essen bestellte. Der Sergeant überlegte. Eine Glasermeisterstochter aus Lidköping – das ist eine Kleinstadt, weit, weit von Stockholm entfernt. Eine Demoiselle? In gewisser Weise, ja. Eine Bürgerstochter, doch von niederstem bürgerlichem Stand. Ein ansprechendes und merkwürdiges Zwischending! – Kein Mädchen vom Lande, erst recht keine Bauerndirne – doch auch nicht richtig von besserem Stand. Als was sollte man sie eigentlich betrachten? Wie nennen? Irgendetwas ist unergründlich an dieser Zwischensorte. Werden sehen. »Ein Beefsteak, bitte!«

Das Frühstück brachte eine willkommene Pause in die verworrenen und ergebnislosen Gedankengänge des Sergeanten. Als das Beefsteak aufgegessen war, sagte er sich: Wahrhaftig, zum Teufel auch, mit mir ist es ja genauso. Was, par exemple, bin ich für einer? Kein Soldat. Kein Offizier. Nicht von niederem Stand und von höherem auch nicht richtig. Wir werden sehen – verteufelt! »Ein Porter, bitte!«

Nach dem Porter stand der Sergeant auf, zwirbelte seine Schnurrbartspitzen, spuckte in weitem Bogen in die linke Salonecke und bezahlte sein Frühstück. Hm!, dachte er, Sara – Vid …, Vid … hat heute Morgen nichts verzehrt. Ich habe Lust, hinauf an Deck zu gehen und zu erkunden, ob man sie ansprechen kann – oder einladen? Ob sie, par exemple, etwas trinken möchte?

Die Gedankengänge des Sergeanten (nach wie vor etwas verworren) führten auch diesmal zu keinem Ergebnis, und er brach sie vorerst ab. Die Stiefel wurden begutachtet und für blank, der Tschako für sauber gebürstet und flott befunden. Mit zwei elastischen Sprüngen nahm der junge ranke Krieger die Treppenstufen nach oben, und wieder an Deck, sah er sich um und musterte den Vordersteven des Dampfers.

Das Erste, worauf sein Blick fiel, war eine Gruppe von Mädchen aus der Provinz Dalarna, die vor den bereits erwähnten vier, fünf anderen Mädchen, zwischen denen sich ein rosafarbenes Kopftuch bewegte, stand, dazu noch ein paar rußige Maschinisten. Der Sergeant näherte sich. Er hörte die Dala-Mädchen Ringe aus Rosshaar feilbieten, schwarze, weiße, grüne, rote, mit Namen und Sinnsprüchen eigenartig verziert. Sie wollten die anderen Mädchen zum Kaufen bewegen, aber die waren geizig und feilschten. Jene mit dem rosa Kopftuch feilschte nicht gerade, aber der Sergeant sah, wie sie mit großer Sorgfalt zwischen den Ringen wählte und sich schließlich für einen schlichten entschied, schwarz und weiß, ohne jede Verzierung. Die Verkäuferin nannte den Preis: sechs Schilling. Der rosa Kopf nickte zustimmend, worauf eine kleine Börse – ein Beutel aus grünem Seidengarn – aus dem Mantel hervorgeholt wurde und eine kleine Silbermünze in der Hand erschien, zierlich auf dem fliederfarbenen Handschuh. Es war die kleinste schwedische Silbermünze, zwölf Schilling.

»Kannst du mir darauf sechs Schillinge herausgeben?«,

sagte eine angenehme Stimme mit einem erträglichen Västgötaakzent und leicht schnarrendem R.

»Sechs Schillinge einzeln?«, rief das Dala-Mädchen. »Ach, liebste Jungfer, die hab ich nicht, kauft mir lieber zwei Ringe ab, dann machts zwölf Schillinge genau. Kauft nur! Kauft!«

»Nein, nein!«, hörte man die Person mit dem hübschen Kopftuch sagen. Der Sergeant, der hinter ihr stand und nur den Nacken sah, konnte bloß an einer leichten Kopfbewegung erkennen, dass die Antwort von ihr kam.

Da trat der Sergeant forsch hinzu und sagte: »Gestatten, Demoiselle Vid …«, er stockte, »gestatten, hm, dass ich die beiden Ringe dem armen Mädchen abkaufe.«

Er legte dem Dala-Mädchen ein Zwölfschillingstück in die Hand und nahm ohne weitere Umstände die beiden schwarzweißen Ringe, die es vor den Mädchen hochhielt, in der Hoffnung auf einen Handel. Die Rosige blickte den Militär etwas verwundert an. Aber der, nicht verlegen, nahm sofort den einen Ring, den sie vorher ausgesucht hatte, gab ihn ihr und sagte: »War es nicht der, den Demoiselle Sar …, hm, war es nicht genau dieser, der gefiel? Bitte sehr, nehmt ihn. Ich selber behalte den andern.«

Das Mädchen sah ihn mit – wie er fand – recht hübschen Augen an. Den Ring, den er ihr hinhielt, nahm sie zwar in der ersten Verblüffung – und er vermutete, sie würde ihn auf den Finger streifen, was sie ursprünglich ja wohl beabsichtigt hatte –, doch dann ging sie, ohne ein Wort zu sagen, langsam zur Reling und warf den Ring ins Wasser.

Prosit, Sergeant!, sagte er zu sich selbst, als er diese Bewegung wahrnahm. Das heißt so viel wie: Ich bin ordentlich abgeblitzt. Bravo, Junker! Warum musste ich sie Demoiselle nennen, wenn sie ein Kopftuch umgebunden hat und unerkannt bleiben will? Man hätte sie lieber mit Du anreden sollen, wenn es schon sein muss, und warum einem unbekannten Mädchen einen Ring anbieten, und noch dazu an Deck? O du Schafskopf, Albert!

Er ging an die gegenüberliegende Reling und warf den anderen Rosshaarring, den er sich schon an den Finger gesteckt hatte, auch ins Wasser. Danach spuckte er auf die Salutkanone, die gerade in Reichweite war. Dann spazierte er ein Stück über das Deck nach achtern, und als er sich wieder dem Vorderdeck näherte, geschah es, dass er direkt auf die rosige Unbekannte stieß, die dort stand und zusah, wie die Maschinerie arbeitete.

»Siehst du«, sagte er und hielt seine Hände hin, »ich habe meinen Ring auch ins Wasser geworfen. Das war das Beste, was wir tun konnten.«

Erst ein scharfes Mustern von Kopf bis Fuß, dann ein kaum merkliches, doch nicht unfreundliches Lächeln, eine leicht belustigte Miene, die aber sofort verschwand – das war ihre Antwort. »Ist der Ring im Wasser? So, so!«, fügte sie hinzu.

»Ich hoffe, ein Hecht hat ihn bereits verschluckt«, sagte der Sergeant.

»Meinen holte ein großer Barsch.«

»Wenn nun«, gab der Sergeant zurück und senkte den Kopf, »der Hecht den Barsch verschlingt, was, hoffe ich, bald geschieht, dann werden die beiden Ringe doch noch zusammenliegen – unterm selben Herzen!« Die letzten Worte flüsterte er mit zärtlicher Eindringlichkeit, aber völlig ohne Erfolg. Das Mädchen wandte sich brüsk ab, ohne zu antworten, und mischte sich erneut unter die anderen Jungfern.

Prosit, Junker!, sagte er zu sich selbst. Wieder abgeblitzt! Und warum von Herzen reden? Und an Deck? Aber eins freut mich: Es missfiel ihr nicht, dass ich wagte, sie mit Du anzureden. Deswegen also niemals mehr: Demoiselle!

Er ging hinunter in den Speisesalon und kaufte sich eine Zigarre, zündete sie an, kam wieder nach oben, setzte sich unbeschwert und unbefangen auf seinen Koffer, paffte genüsslich seine Zigarre und sah superb aus.

Er merkte, dass die anmutige Glasermeisterstochter mehrmals gleichmütig vorbeiging, wobei sie dann und wann den rosa Seidenknoten unterm Kinn richtete und die zarten Spitzen des Halstuches über der Brust zurechtzupfte. Sie sprach lebhaft mit den anderen Mädchen und schien ganz unbefangen.

Die Zigarre ging, wie vieles andere in der Welt, zu Ende. Der Sergeant wollte den kleinen Stummel, der noch ein wenig glomm, ins Wasser werfen. Aber er war so leicht, dass er nur ein Stück auf dem Deck entlangrollte, liegen blieb und qualmte. Rasch erschien ein Fuß im reizendsten blanken Stiefelchen und trat ihn aus, sodass er sofort erlosch. Der Sergeant hob den Blick vom Fuß zur Person – und sah die Unbekannte. Ihre Blicke trafen sich. Der Sergeant sprang von seinem Koffer auf, trat mit einer höflichen Verbeugung zu ihr und sagte: »Dank, reizende Jungfer! Meine Zigarre war diesen Fuß nicht wert, aber …«

Eine kalte, abweisende Miene war die Antwort. Das Mädchen drehte sich um und ging.

Soll sie doch der Teufel holen! Mit diesem Wunsch sprang der Sergeant errötend und verstimmt die Treppe hinunter zum Speisesalon. Dort kroch er in die dunkelste Ecke, geeignet zum Schlafen oder zum Sinnieren. Zum Donnerwetter, Albert!, dachte er und strich sich die Haare aus der Stirn. Ich hab sie Jungfer genannt, das passte ihr ebenso wenig wie Demoiselle. Dummes Zeug!

Er war nicht allein im Salon, deshalb redete er weder laut noch halblaut. Um aber auf der Stelle sich selbst und den übrigen seine Courage zu beweisen, rief er streng und barsch der Mamsell am Büfett zu: »Butterbrot mit Salzfleisch, und sofort!«

Die Serviererin kam mit dem Bestellten auf einem Tablett.

»Zur Hölle mit diesem Zeug! Habe ich nicht Weißbrot verlangt?«

Gehorsam und bereitwillig ging sie mit dem Tablett zurück und setzte ihre Knäckebrote an der Theke ab.

»Ein Glas Haut-Brion, Mamsell! Und etwas schneller, wenn ich bitten darf!«

Das Glas wurde gefüllt und auf das Tablett gesetzt, dazu ein unzerschnittenes Brötchen mit dem Belag obenauf. »Soll ich das Brötchen vielleicht im Ganzen verschlingen, wie? In Stockholm hat man so viel Manieren, Brötchen aufzuschneiden und auf beide Hälften Butter zu streichen.«

Die Serviererin ging zurück, nahm ein Messer und fing an, das Brötchen zu zerschneiden.

»Ist das denn die Möglichkeit! Ein neues Brötchen, wenn ich bitten darf, aufgeschnitten und mit Butter auf den beiden Innenseiten. Da ist ja die Butter außen! Ein neues Brötchen! Nein, diese Warterei! Donnerwetter – weg mit allem, mir ist der Hunger vergangen.«

Die Mamsell an der Theke murmelte eine etwas spitze Bemerkung über vornehme Reisende. Das fand der Sergeant gar nicht so übel, er ging hin und bezahlte die Brötchen.

»Ich habe sie bestellt«, sagte er, »hier habt Ihr das Geld.«

»Es geht einem auf den Magen – jaja!«, bemerkte ein schwarz gekleideter Passagier. Der Sergeant wandte sich um, sah Beffchen und erkannte das Gesicht des Oberpfarrers von Ulricehamn – bleich, blank und mit hellblauen, runden Vogelaugen.

»Aha, ergebenster Diener! Das ist ja der Herr Oberpfarrer Su … – zweifellos auf der Heimreise?«

»Ja, gewiss doch.«

»Ich fahre auch nach Västergötland, aber das bedeutet für mich nicht nach Hause, sondern weg von zu Hause«, sagte der

Sergeant und griff mechanisch nach seinem großen, bemängelten, doch bezahlten unzerteilten Brötchen und verschlang es rasch.

»So geht es«, sagte der Geistliche, »der eine reist hin, der andere zurück. Ich will nach Ulricehamn.«

»Ja, und …« Der Sergeant leerte sein Glas Haut-Brion, das noch auf dem Tablett stand.

»Solange man bei Gesundheit ist, geht es an, so hin und her zu fahren«, bemerkte der Oberpfarrer.

»Oh, es geht, ja …« Der Sergeant schluckte nun den letzten Rest des Bestellten hinunter.

»Verlassen der Herr Sergeant Stockholm auf längere Zeit?«

»Ich habe drei Monate Urlaub. Darf ich zu einem Glas einladen, Herr Oberpfarrer? Was beliebt? Porter? Oder Portwein?«

»Ja, hm, der Magen ist unruhig auf dem Mälarsee. Wenn es denn sein soll, sagen wir Portwein! Oder Porter!«

Der Sergeant bestellte beides, und der Seelsorger, außerstande zu entscheiden, welchem er den Vorzug geben sollte, trank alle beide und sprach danach die herzlichste, gastfreundlichste Einladung an den jungen Militär aus, in Ulricehamn und Timmelhed hereinzuschauen, um sich schadlos zu halten.

Der Sergeant verbeugte sich, bezahlte das Bestellte und sprang aufgemuntert erneut hinauf an Deck.

Als er einen Blick auf die Ufer warf, an denen der Dampfer vorbeifuhr, stellte er fest, dass man schon bald Strängnäs anlaufen würde. Die große Domkirche sieht der Schiffsreisende schon von weitem, ihr majestätischer Turm beherrscht die Auen Sörmlands, so weit das Auge reicht. Erst wenn man näher kommt, entdeckt man eine Schar kleiner roter Holzhäuser, unregelmäßig unterhalb der Kirche angehäuft, und nur das rot gewürfelte Schulgebäude hebt sich durch seine Höhe von den übrigen schuppenartigen alten Kästen ab. Wenn man schließlich zu der alten morschen Landungsbrücke kommt und anlegt, sagt man sich: Das ist Strängnäs.

Vom Wolffang

Johan Turi

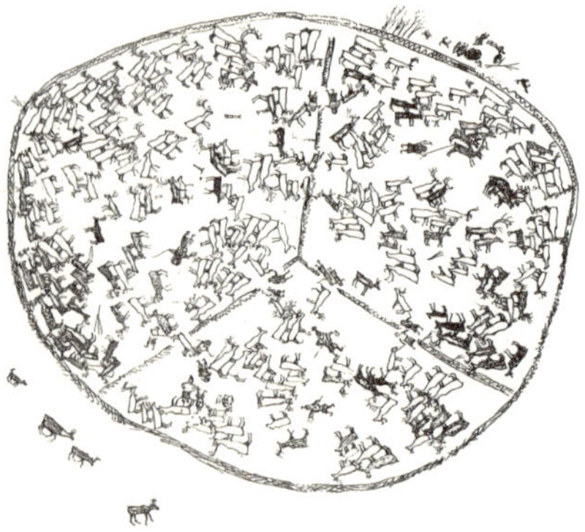

Auf Schneeschuhen tötet man so, dass man auf Schneeschuhen läuft, wenn der Schnee fest ist und die Kufen trägt, wenn es ein leichter und schneller Lappe ist. Und wenn man den Wolf eingeholt hat, schlägt man ihn mit dem Stab auf den Kopf oder in den Nacken, unter die Ohren oder über die Schwanzwurzel oder auf die Schnauze, gerade auf die schwarze Nasenspitze; da ist er sehr empfindlich. Anderswo fühlt er nichts, selbst wenn man ihn noch so hart schlüge. Aber schnell muss der sein, der seinen Stab und seine Schneeschuhe nicht verliert; der Wolf ist sehr darauf erpicht, mit dem Maul nach dem Stab zu schnappen, er schnappt auch in die Schneeschuhe und schüttelt einen so, dass man von den Schneeschuhen geschleudert wird; wenn man von den Schneeschuhen herunterfällt, dann springt der Wolf zu und beißt, wo er fassen kann. Aber der Lappe hat das Messer als Zuflucht, er greift nach dem Messer und sticht augenblicklich; aber doch kann der Wolf irgendwo beißen, zuweilen schlimmer und zuweilen nicht so schlimm. Da ist ein Rat, wenn der Wolf den Arm gepackt hat, dann soll man die Hand in den Rachen des Wolfes stecken, bis an den Schlund hinab, und dann den obersten Teil des Schlundes zusammenpressen, sodass der Wolf nicht beißen kann, und mit der anderen Hand soll man mit dem Messer stechen, und nun ist da keine Gefahr mehr. Aber wenn es dem Wolf gelingt, mit den Zähnen in einen Fuß oder mitten in den Arm zu fassen – in den Ellbogen ist es gefährlich, wenn der Wolf da zu fassen kriegt –, dann beißt er; durch den Arm gehen die Zähne; und wenn er ein Bein zu fassen kriegt, dann ist das auch sehr gefährlich, wenn man da von dem Wolf gebissen wird, der so lange Zähne hat, dass sie durch das Bein gehen, und dann wird das Bein so steif, dass es sich nicht biegen lässt. Es ist oft geschehen, dass Leute so arg gebissen worden sind, dass sie fast starben; sehr krank werden sie auf alle Fälle und lange, zuweilen einen Monat und zuweilen den ganzen Winter, und die Narben werden so, dass sie so lange währen, wie einer lebt.

Sie haben auch einen Spießstab benutzt; aber deswegen kann der Wolf doch beißen, obgleich es ja eine große Hilfe ist, wenn man einen Spießstab hat.

Auf Schneeschuhen hinter dem Wolf dreinlaufen ist das Allerschlimmste, um die Gesundheit der Leute zu zerstören. Da muss man so laufen, dass das Blut in den Mund kommt, und man wird so erhitzt, dass man gezwungen ist, die Brust ganz nackend zu entblößen. Und wenn man den ganzen Tag auf Schneeschuhen gelaufen hat, da ist man so schweißig, dass alle Kleider auf der Haut nass sind, und dann ist man so müde, dass es nicht gut möglich ist, wieder zurückzukommen. Aber wenn man es so trifft, dass man weit in den Wald hineinkommt, und wenn fester Schnee ist, passend, nicht allzu hart und auch nicht zu weich, und da keine Spur in der Richtung des Hochgebirges ist, da ist es zuweilen leicht, ihn einzuholen; wenn man nur nicht gebissen ist, holt man ihn gleich ein.

Aber wenn der Wolf eingeholt ist, dann heult er und sperrt den Rachen weit auf, dass er, wenn es sein sollte, einen Menschenkopf aufnehmen könnte, wenn er von der großen Art ist. Und wenn es ein furchtsamer Mensch ist, so wird er bange und kehrt um. Aber da ist ein Rat für einen schwachen Menschen, wenn da Bäume auf der Stelle sind, er fängt den Wolf mit der Fangschnur, und dann schleudert er die Schnur in einen Baum hinauf, und dann kann der Wolf die Schnur nicht durchbeißen; aber er muss schnell sein. Und mit dieser Kunst kann auch ein schwacher Mensch einen Wolf töten.

Und wenn es ein mutiger Mann ist, wenn er in die Nähe kommt, dann ruft er dem Wolf zu: »Nun nicht weiter, du kommst doch nicht weiter!«, und dann wendet der Wolf sich augenblicklich um und geht vorwärts und heult und bellt und sperrt den Rachen so weit auf, wie er kann; aber wenn es ein kühner Mann ist, dann fürchtet er sich nicht, wie der Wolf sich auch anstellen mag.

Aber das ist der Allerschlimmste, der die Ohren zurücklegt und den Schwanz bewegt; doch ist einer mutig und schnell, dann hat er zwei Stäbe in Bereitschaft, und den einen sticht er in den Rachen des Wolfes, und mit dem anderen schlägt er. Und wenn er ihn halb tot bekommen hat, dann fängt er an, zu beschwören und zu fluchen, und sagt: »Du hast meine Zugrentiere und meine Rentierkühe aufgefressen, friss nun auch weiter, verfluchter Same! Wag du jetzt nur die Zähne zu zeigen! Aber das sollst du auch nicht mehr, verfluchte Brut! Meine Rentierkühe und Zugrentiere fressen! Die letzte Nacht hast du mein bestes Fahrrentier zerrissen, *Birru, Bärgalak,* Hölle, Satanas, Großmaul, Langzahn! Aber du sollst meine Herde hinfort nicht mehr zerstreuen, verfluchter Same! Wenn du selbst nicht meine Rentiere getötet hast, dann haben doch deine verfluchten Genossen es getan!« Und dann schlägt er wieder wie der Blitz und sticht ihn auch gleichzeitig.

Aber nun ist es schwer, ihn auf Schneeschuhen zu fangen, und schwer auf jede Weise, da die Rentiere sich so vermehrt haben, dass sie überall den ganzen Winter auf dem Hochgebirge sind und an der Baumgrenze in den Tälern, sodass der Wolf so viele Rentiere bekommen kann, wie er mag. Und darum braucht er keine Nahrung im Walde zu suchen. Aber selbst wenn er in den Wald gegangen ist, so ist er auch da nicht in Not, da dort überall Spuren sind. Wenn man auf Schneeschuhen ausgeht, so sind da überall gefrorene Rentierspuren, sodass man nicht so viele ganze Schneeflächen findet, dass man ihn auf Schneeschuhen einholen könnte. Und daher ist es ebenfalls schlimm, ihn mit anderen Jagdmethoden zu fangen, weil da so viele Menschen und Rentiere hier in der Jukkasjärvi-Geineinde sind. Im Jahre 1908 gingen die Wölfe in die südlichen Wälder hinab, und die Leute liefen überall auf Schneeschuhen, wo sie noch hinkamen; aber sie bekamen sie nicht, weil die ganze Gegend aufgewühlter, gefrorener Schnee war. Zwischen Herde und Menschen kann man nicht jagen. Aber abseits ist es das beste; wenn da möglicherweise abseits von den anderen Sidas eine Sida liegt, und wenn da gute Weide ist, dann könnte man ihn wohl bekommen, wenn nicht unbewachte Rentiere auf dem Hochgebirge sind; dann ist er gezwungen, nur um diese eine Sida herumzukreisen. Und wenn es ein solcher Jäger ist, der mit dem Eisen und mit Gift fangen kann, dann mag er schon Wölfe und andere Tiere bekommen, Vielfraße und Polarfüchse und Füchse.

Den Wolf muss man mit dem Eisen und auf der Spur fangen. Die eigene Spur des Wolfes ist gut, aber man muss eine solche Stelle wählen, wo er geradeaus und in Sprüngen gelaufen ist, damit er das Eisen nicht riecht, wenn er schnell dahin läuft. Das Eisen stellt man so auf: Zuerst macht man ein Loch von der Größe, die das Eisen hat, und dann muss man es gerade da anbringen, wo er hintritt, und es mit dünnen flachen Föhrenspänen überdecken, und dann wieder die Späne mit Schnee bedecken. Und sie müssen so fein bedeckt werden, dass man nicht sehen kann, dass der Schnee angerührt ist.

Und die eigene Spur verdeckt man so, dass sie nirgends sichtbar ist; man muss den feinen Schnee in die Höhe werfen, und wenn er niederfällt, da ist es, als hätte es eben geschneit. Und durch diese Kunst verdeckt man alle Menschenspur und das Eisen, und dann merkt das wilde Tier nichts, und dann geht es leicht in das Eisen.

Und auf einer Schlittenspur ist es auch gut, wenn da Rentiere gelaufen sind und hinterher wieder Leute mit Schlitten. Und es wird da auch auf diese Weise aufgestellt, wie es oben beschrieben worden ist.

Der Elch des Pastors

August Strindberg

Pastor Norström hatte nur sehr bescheidene Einkünfte. Seine Gemeinde war arm, und von oben her begann die Aufklärung nach unten zu sickern, während von unten aus der Aberglaube in Gestalt der Bibellesersekte der Kirche schwere Konkurrenz machte.

Er hielt ein paar Kühe, besaß einige Doppelmorgen Land zum Weizen- und Roggenanbau, hatte Wald zur Verfügung und konnte Fische fangen, so viel er wollte. Weil er aber nur eine Magd halten konnte, musste er selbst pflügen und fischen und mit dem Kahn zur Stadt rudern.

Aus dem Wald durfte er sich Brennholz für den häuslichen Bedarf nehmen, konnte Heidelbeeren sammeln und besaß auch das Jagdrecht für diesen Wald. Weil er jedoch keinen Hund hatte, spazierte das Wild ganz unbehelligt darin umher. Auf diese Weise wurde der Pfarrhofswald zu einer beliebten Wurfstätte für die Elche der Gegend, die sich oben im Moor fortzupflanzen pflegten.

Der Pastor hatte nun versucht, aus der Not nicht gerade eine Tugend, doch wenigstens einen kleinen Nebenverdienst zu machen: Er erlegte jedes Jahr einen Elch. Nie brachte er es zu mehr als einem, allein das gab, rechnete man alles genauestens zusammen, mit Fleisch, Haut, Geweih und Klauen gut seine achtzig Reichstaler. Und hierbei waren das Blut und die Eingeweide, an denen man sich wohl zwanzig Tage gütlich tat, noch gar nicht einbezogen. Trotzdem war das Ganze eine unsichere Einnahmequelle, die nur zu leicht versiegen konnte, denn ein einziger Schuss entschied, ob im kommenden Jahr ein Topf voll Fleisch aufs Feuer kam oder ob darin nur Stichlingssuppe gekocht wurde.

Deshalb sah man auf dem Pfarrhof nicht ohne Unruhe den elften August näherrücken. Den im Wald weidenden Kühen nahm man schon im Juli die Geläute ab, und vom ersten August an durfte die Magd des Pastors sie nicht mehr laut zusammenrufen. Alsdann brachte der Pastor die Salzlecke an. Auch Eschenzweige schnitt er ab, um die Wildwechsel damit abzustecken. Endlich, am letzten Julisonntag, ließ er von der Kanzel herab eine milde Warnung ergehen, ein jeder solle sich nicht länger lärmende Besuche seines Waldes zuschulden kommen lassen. Bei dieser Gelegenheit setzte er sich selbst ein als Wachpolizist über Erdbeerweiber und Heidelbeeren pflückende Rangen.

Indessen war im Kampf um den Elch der Sieg nicht so leicht errungen. Zwar hatte Norström den ganzen Sommer über seinen Elchstand gehabt, hatte auch gesehen, wie sich die Tiere frei unter seine Kühe mengten – er war also an ihren Anblick gewöhnt und konnte so tun, als läge der Elchbraten schon auf der Pfanne –, allein, war der große Tag angebrochen, konnte es nur zu schnell passieren, dass der erstbeste Inselbauer das Hochwild auf sein Gebiet lockte oder in die See trieb, wo es auf den Kobben für jeden eine leichte Beute war.

Im Vorjahr hatte der Pastor ein wunderbares Glück gehabt: Das Elchwild war herangekommen und hatte sich wenig scheu gezeigt, denn der Winter war hart gewesen. Es hatte sich bis hinter die Umzäunungen gewagt und dort den Frühjahrsroggen abgefressen. Aber das hatte das Jägerherz des Alten nur erfreut.

»Fresst ihr mein Brot, esse ich euer Fleisch«, hatte er zu seiner Frau gemeint, der es um die Gottesgabe leid getan hatte.

So war der elfte August angebrochen, und der Pastor weihte wie stets den sonnigen Tag damit ein, dass er seine Hakenbüchse mit englischem Pulver lud und die Kugel in den Lauf steckte.

Seine Alte steckte das Küchenmesser unter die Schürze und nahm den Eimer zur Hand, und auf gings in den Wald. Zuvor aber wurde es immer so gehalten, dass Frau und Pastor sich im Viehgehege trennten, um das Vieh zusammenzutreiben, das sie am Gang genauso erkannten wie einen Hasen am schnellen Lauf. Als nun das Gattertor weit aufgezogen war, scheuchten sie das Vieh mit »Ohoo, ohoo!« und »Hopphopphopphopp!« hinein.

Mehrere Wochen lang hatte es unaufhörlich geregnet, sodass die Elche drinnen im Wald im Morast standen. Dann aber heiterte sich das Wetter auf, und an den Birken ließ das Sonnenlicht grünliche Flämmchen auflodern. Der Pastor war in den von Haselbüschen überschatteten Waldweg getreten, in dessen aufgeweichten Lehmboden die Wagenräder Gleise geschnitten hatten, scharfkantig wie Eisenbahnschienen. Eben wollte der Pastor nachsehen, ob das Zündhütchen durch die herabfallenden Tropfen nicht feucht geworden war, als er es im Gebüsch knacken hörte. Da legten sich die Ohren des Pastors nach hinten, die Augen standen ihm wie Zinnknöpfe im Kopf. Auf Zehenspitzen, die Schultern hochgezogen, als wollte er sich erheben und fliegen, schlüpfte er ins Haseldickicht.

Da stand er plötzlich dem leibhaftigen Elchbullen von Angesicht zu Angesicht gegenüber! Der Elch, den Hals zu einem Espenzweig emporgereckt, holte mit der langen Oberlefze das zitternde Laub herunter.

Paff!, knallte der Schuss. Das Blei fuhr dem Elch in den

Rücken, traf genau die vorher anvisierte Stelle. Der Koloss brach zusammen, als hätte man an einem Skelett die Scharniere entfernt, und aus war es mit ihm.

Es war dem Pastor schon zur Gewohnheit geworden, dem Elch das Rückgrat zu brechen. Der Schuss war natürlich gewagt. Wenn er aber traf, dann war es ein eindeutiger Fall. Dem Tier von einer anderen Seite aus beizukommen, erschien ihm als rechte Narrheit. Meilenweit konnte es da mit dem Blei im Leib weiterlaufen.

Der Schütze musste aber doch wohl das Gefühl haben, dass die Sache diesmal zu hastig abgegangen war, denn er sah sehr enttäuscht aus. Am Ende gab der Schuss für die Jagdchronik des Jahres kein rechtes Thema ab. Der Elch hatte zu schnell das Zeitliche gesegnet. Als alles still geworden war, ermannte sich Norström und rief nach der Frau. Weil er nicht gleich Antwort erhielt und Angst hatte, das Fleisch könnte Schaden nehmen, fummelte er sein Taschenmesser hervor und durchschnitt, damit das Blut ablaufen sollte, die Halsschlagader. Als das Blut kam, hielt er sie wieder zu und rief wieder und wieder. Dann musste er erneut die Ader öffnen, die sich wie ein Wurm in der Wunde krümmte. Ängstlich sah er auch nach, ob das Blut nicht schon geronnen sei.

Endlich kam seine Alte mit Messer und Eimer.

»Das ist ein Brocken!«, sagte der Pastor mit gespieltem Gleichmut.

»Das größte Prachtstück von allen, will ich meinen! Und wie fix du gewesen bist!«

»Hast du die andern gesehen?«

»O Jesses, ja! Wie Dragoner sind sie auf die Viehkoppel losgestürzt gekommen, haben aber dann kehrtgemacht und sind zur See hinunter. Da ist wenigstens der Neid zu Ende.«

Sie griff zum Messer, und bald war der Eimer voll von rotestem Blut. Es schäumte darin wie Met. Der Pastor aber, die

Hemdsärmel aufgekrempelt, machte sich am Hals des Tieres zu schaffen. Dann wurde der Elch von den weltlichen Hilfskräften eingeholt. Natürlich war er der Anlass für eine Unzahl von Schnäpsen, Kaffeetrinkerei und Festessen. Nieren und Kaldaunen, Lunge und Leber reichten volle acht Tage aus …

So war es gewesen im vergangenen Jahr!

Heute, am zehnten August, saß der Pastor wieder auf der Veranda und putzte seine Flinte, während die Pastorin im Garten Erbsen pflückte.

Da schurrte es auf dem Kiesweg: Der Forstgehilfe des Barons auf Stora Sätra kam heran, in einer Hand die Mütze, in der anderen eine Koppel von drei Jagdhunden.

»Guten Tag, Eklund, was bringt Ihr Schönes?«, begrüßte ihn der Pastor.

»Ja, Herr Pastor, der Herr Baron lässt anfragen, ob Seine Königliche Hoheit nicht morgen im Wald des Herrn Pastors Elche jagen kann. Der Elch des Barons, der so schön gestanden hatte, ist nämlich vergangene Nacht verschwunden, und nun liegt der Prinz mit seinem Dampfer vor Dalarö und wartet auf die Jagd, zu der er vom Baron eingeladen war.«

Der Pastor kratzte sich den Kopf.

Die Frau aber, die den Vorschlag mit angehört hatte, antwortete: »Erik, es geht nicht, dass du hier nein sagst. Am besten, du sagst gleich ja!«

»Bestimmt, bestimmt, das wird das Beste sein«, pflichtete ihr der Pastor bei, und damit war der Hauptpunkt der Angelegenheit erledigt.

»Aber sage Er, Eklund, kann ich nicht auch an der Jagd teilnehmen? Je mehr Mann, desto mehr Glück!« Der Pastor wollte so lange wie möglich seinen Fleischtopf verteidigen.

»Na ja, freilich geht das! Aber da will ich Herrn Pastor nur das eine sagen, denn ich kenn das: Ob man mitgeht oder nicht – es ist immer der Baron, der die Schützen aufstellt. Und weil doch bloß der Prinz zum Schuss kommen soll, werden die andern sowieso nur zu Treibern. Und das kann doch wohl kein Vergnügen sein!«

»Nein, da hast du recht. Ich habe auch keine Lust, unter den Fehlschützen aufgezählt zu werden, wenn das hinterher ins Blatt kommt.«

»Aber sag Er doch, Eklund«, griff nun die Pastorsfrau wieder ein, »man wird doch hoffentlich nicht ganz leer ausgehen bei solcher Gelegenheit? Denn seh Er, bei uns dreht es sich um das Herbstfleisch! Wenn Er das dem Baron geschickt beibringen könnte! Es soll Sein Schade nicht sein!«

»Ruhig, du!«, mahnte ihr Mann.

»Ja, sehen Sie, Frau Pastor, da bin ich meiner Sache ganz gewiss. Nicht umsonst soll das der Herr Pastor machen. Das ist doch eine alte Geschichte, dass vornehme Herrschaften nichts annehmen, ohne es gleich wieder wettzumachen. Wenn mich nicht alles täuscht, kriegte der Länsmann voriges Jahr eine goldene Uhr mit Petschaften, die an tausend Kronen wert gewesen sein soll!«

Tausend Kronen, summte es dem Pastor in den Ohren, als der Forstmann gegangen, und er selbst nachdenklich in die Kammer getreten war, um seine Flinte wieder an die Wand zu hängen. Tausend Kronen, zischelte es in den Ohren der Pastorsfrau, als sie in die Küche eilte, um die jungen Erbsen aufzusetzen. Und beide begannen sich in goldenen Träumen zu wiegen, die die verschiedensten Formen annahmen. Ihrer Einbildungskraft wuchsen mächtige Möwenschwingen, mit denen sie sich in die Lüfte erhoben. Und da oben hing alles voller Gold und Ehren.

Als sie sich zu Tisch gesetzt und der Pastor das dritte Glas Schnaps getrunken hatte, war die goldene Uhr schon in ein königliches Hauptpastorat verwandelt.

»Ja, siehst du, Carolina, die Wege des Herrn sind unergründlich«, verkündete Pastor Norström. Und er galt als einer von denen, die den Namen des Herrn nicht missbräuchlich auszusprechen pflegten. »Die da am Boden liegen, können im Nu erhöht werden. Und was meine Begabung betrifft – wer weiß, vielleicht hat es bisher nur am rechten Verständnis für sie gemangelt. Hm!«

»Ehrlich gesagt, Erik, ich sehe nicht ein, warum du nicht genausogut hundert Doppelmorgen Land bebauen solltest wie irgendeiner von diesen Frömmlern, die ihr Lebtag noch keinen Pflug in der Hand gehabt haben und nichts weiter tun, als ihre Sektiererversammlungen zu besuchen.«

»Jaja, nur, Carolina, das ist wieder ein ganz anderer Gesichtspunkt«, unterbrach sie der Pastor, der für verblümte Ausdrücke eine Vorliebe hatte, »ein ganz anderer Gesichtspunkt.«

Inzwischen war der große Tag angebrochen, den alle Bewohner der Pfarrinsel mit starker Spannung erwartet hatten. Gegen elf Uhr wurde das Signal gegeben, der königliche Dampfer sei in der Bucht erschienen. Norström hatte Toilette gemacht und begab sich sogleich in seinem Paraderock zur Landungsbrücke, um die Gäste zu empfangen. Allein, dort fand er bereits die »Bibelleser« mit dem Schullehrer an der Spitze versammelt. Sie hatten, wie man so sagt, davon Wind bekommen, dass auch der königliche Hof auf ihre Art fromm sei, und deshalb hielten sie sich nun bereit, um mit ein wenig Carabia-Wein vom allerbesten ihrer Stiftung einen Willkommenstrunk darzubringen.

Der Dampfer jedoch legte gar nicht bei ihnen an, sondern ankerte weit draußen bei den Fischgründen. Unmittelbar darauf stieß ein Boot mit sechs Matrosen ab, das geradewegs auf den schwarz gekleideten Geistlichen zugesteuert kam. Die Mannschaft salutierte vor ihm mit den Rudern, und ein Adjutant in Marineuniform sprang an Land, grüßte höflich und lud den Pastor ein, an einem Bordfrühstück teilzunehmen, das der Jagd vorausgehen sollte. Die sollte nicht vor vier Uhr beginnen, zu der Zeit also, da die Elche ihren Stand verließen. Der Schullehrer hielt den Ankömmling für den Prinzen und gab den Ton an. Darauf stimmten alle zugleich etwas an, das ein Gesang sein sollte. Doch sofort hob der Leutnant die Hand und gebot ihnen Schweigen. Aus voller Kehle schrie er: »Keinerlei Aufsehen an Land! Das haben Seine Königliche Hoheit befohlen! Begreift ihr nicht, dass man sich ruhig verhalten soll, wenn Seine Königliche Hoheit hierherkommen, um zu jagen?«

Der Chor löste sich auf mit einem grellen Akkord, der weit über die Bucht hallte und ohne weiteres jeden Elch in die See zu scheuchen vermochte. Keinen aber erfüllte der Triumph über die unbarmherzige Majorität am Strand so sehr mit Frohlocken wie Pastor Norström. Als ein verhältnismäßig aufgeklärter Mann hatte er nämlich wegen der Tyrannei der Frömmler viel auszustehen. Denn seit sie oben eine Stütze zu haben glaubten, war ihnen der Kamm mächtig geschwollen.

Die fromme Versammlung zog indessen auf die Landzunge hinaus und betrachtete aus der Entfernung den Dampfer mit seinen Passagieren als eine Art Betelschiff. Man setzte sich auf die Steinblöcke am Ufer und passte auf, was da kommen würde, das fromme Gemüt voll Verdruss, weil man den »Freidenker« Norström am großen Tisch Platz nehmen sah und er in Offiziersgesellschaft aus Schüsseln und Flaschen bewirtet wurde. »Das da sind keine Kinder Gottes!«, seufzte der Schulmeister. Dabei wandte er sich an Anna, die Tochter des Kirchenältesten.

»Nein, das sieht man wohl«, erwiderte Anna und kaute dabei an einem Grashalm, um sich der Illusion hinzugeben, sie äße etwas Gutes.

Die Pfropfen knallten, und die Teller klirrten. Zwei volle

Stunden lang. Doch die Kinder Gottes verloren nicht die Geduld. Entschlossen bewachten sie die Brücke, die der Prinz passieren musste. Dort wollten sie ihn zu einer Teestunde mit höherem »Wissen« bitten. Diese Einladung würde er sicher nicht abschlagen können.

Als sie dann endlich die Büchsenläufe im Sonnenschein blitzen sahen und hören konnten, wie die Jagdkoppel rasselte und die Boote zu Wasser gelassen wurden, stürzten sie wieder zur Landungsbrücke und bildeten ein Spalier. Doch kaum waren die Ruder richtig ins Wasser gekommen, da lavierten die Boote um die Landzunge herum, fuhren auf die andere Seite der Bucht zu und verschwanden hinter hohem Schilf, während die auf der Brücke ausharrenden Gotteskinder ihrem Ärger in Ausdrücken Luft machten, die weniger nach Glückwünschen als nach kräftigen Flüchen klangen.

Da war vorläufig weiter nichts zu machen, und deshalb zerstreuten sich die Gruppen.

Eine Weile danach brach der Spektakel im Pfarrwald los: Hunde bellten, Signalhörner schmetterten und Schüsse krachten. Wie ein Orkan ging alles vorbei, und binnen einer Stunde war alles abgetan. Hinter dem Schilf kamen die Boote wieder zum Vorschein, und das erste war mit einem gewaltigen Elchbullen beladen, dessen Geweih mit Laubkränzen umwunden war.

Die Gotteskinder, die jetzt den Befehl, sich ruhig zu verhalten, für aufgehoben betrachteten, versammelten sich wieder auf der Landzunge und bewiesen viel mehr Neugier und Verlangen, sich bemerkbar zu machen, als den Wunsch, Rettungsarbeit an Seelen zu verrichten.

Als sie nun sahen, wie Punschflaschen entkorkt wurden, und Hurrageschrei und Trompetensignale vernahmen, hielten sie ihrerseits den Augenblick zum Einschreiten für gekommen. Der Schulmeister intonierte »Süßer Jesu«, und der ganze

Chor fiel ein. Sie hatten aber noch nicht viele Takte gesungen, da antworteten schon die Ungläubigen auf dem Dampfer mit dem von sechs Kanonieren geblasenen Boccacciomarsch. Und jetzt durchkreuzten sich die Rhythmen und Harmonien und kämpften in der Luft wie Engel und Teufel, bis das Echo von den Felsenufern Freund und Feind in einem einzigen Tonschwall vermengte, der über die Buchten dahinrollte, sich wie eine Woge an den letzten Schären brach und langsam erstarb. Der musikalische Zweikampf dauerte bis zur Dämmerung. Da endlich wurde der Pastor an Land gebracht. Der Dampfer lichtete die Anker, ließ noch ein paar Raketen aufsteigen und war bald in der Dunkelheit verschwunden.

Als Pastor Norström zu seiner Alten ins Haus kam, hatte sie schon Licht gemacht und erwartete ihn voll Ungeduld in der Stube.

»Na, was hast du nun gekriegt?«, fragte sie, ohne ihre Neugier zu verbergen.

»Ja, wenn ich das noch alles sagen könnte!«, antwortete der Pastor und sah in Erinnerung alle Leckerbissen der Tafel vor sich auftauchen. »Kalbsnierenbraten und Spargel …«

»Dass du dir den Bauch vollgeschlagen hast, während ich allein zu Hause saß, konnte ich mir schon denken …«

»Du? Ja, bist du denn Pastor? Hast du einen Elchwald? Du kannst nicht mitjagen, aber beim Jagdessen hättest du mithalten wollen, nicht?«

»Nun, das versteht sich von selbst, natürlich nicht!«

»Gewiss, das ist natürlich! Wer kein Pastorat hat und keinen Elchstand vorweisen kann, hat auch nichts auf einem Elchessen zu suchen! Siehst du das nicht ein, Carolina? Aber jetzt wollen wir mal sehen, was ich da in meiner Tasche mitbringe!«

Carolina ließ die Gleichheitslogik fallen und schob das Licht näher, neugierig, was das braune Chagrinleder-Etui wohl enthielte, das der Pastor mit einem kleinen Klatsch auf den Tisch warf, als spielte er einen Trumpf aus.

In eine Aussparung eingefügt, lag da auf violettem Samt eine Schnupftabaksdose, die sich schimmernd vom Grund abhob wie der Kelch vom österlichen Messgewand.

»Gold?«

»Glaubst du?« Der Pastor nahm die Kostbarkeit in die Hand, ließ den Deckel aufspringen und untersuchte, die Brille auf die Stirn schiebend, den Stempel.

»Silber.«

»Einem geschenkten Gaul schaut man wohl nicht ins Maul – aber streng genommen ist das gar kein Geschenk …«

»Und auch kein Gaul, aber Silber!«, sagte die Alte und holte die Schnellwaage. Sodann nahm sie ihren Eiertopf, steckte das Schmuckstück hinein, hängte alles zusammen an den Haken und las ab: »Ja, du, eine Viertelmark, das macht so viel wie acht Lot, Kleinigkeit drunter! Ein nettes Geschäft! Weißt du, wie viel du für so was kriegst?«

»Nein«, antwortete der Pastor ziemlich kleinlaut.

»Zwölf Kronen, mehr nicht! Wenn man das verkauft, werden die Arbeit und Vergoldung nicht gerechnet. Nur wenn man kauft!«

Pastor Norström sah recht niedergeschlagen aus: zwölf Kronen für den Elch, außerdem ums ganze Vergnügen gebracht, um all die Aufregung und ums Schlachtfest. Vor allem aber kein Fleisch, keine Wurst, keine Blutklöße!

»Achtundsechzig Kronen reiner Verlust«, tröstete ihn die Alte, denn sie wollte wenigstens seine behagliche Verdauung nach dem feinen Diner gestört wissen, an dem sie nicht teilgenommen hatte. »Aber so geht es, wenn man sich mit den Großen einlässt! Jetzt kannst du den ganzen Winter dasitzen und dir gesalzenen Strömling hineinquälen. Kannst dich ergötzen mit der Erinnerung an den Kalbsnierenbraten, bis dir das Wasser im Mund zusammenläuft! Und das Pastorat? Was wird damit?«

»Still doch, Carolina!«, barmte der Pastor, ging hinaus und legte sich ins Bett.

Vom nächsten Boten, der nach Dalarö fuhr, ließ sich der Pastor ein Pfund Schnupftabak mitbringen. Damit füllte er seine Dose, um wenigstens mit diesem Schmuckstück prunken zu können. Nun schnupfte er mit dem Länsmann, dem Kirchenältesten, dem Forstgehilfen und dem Zollaufseher. Schließlich wollte er sogar mit dem Schulmeister schnupfen, doch der lehnte dankend ab, er schnupfe nicht.

So ging das bis Weihnachten, und so manches Scheltwort seiner Frau musste er wegen der vollgeniesten Taschentücher hinnehmen. Doch als Neujahr kam, war die Zeit da, sich von der Dose zu trennen.

Er erhielt in der Västerlånggatan dreizehn Kronen fünfzig dafür. Also ein Reingewinn von einer Krone fünfzig, sagte er sich, als er im »Stern« bei einem kleinen Frühstück saß.

Dann aber musste er dafür auch bis Ostern nur von Strömlingen leben! Ja, so kann es gehen, wenn man sich mit großen Herren einlässt!

Wo kommen nur die Einfälle her?

Astrid Lindgren

Meine alte Freundin Olga Karlsson aus Småland hat einmal zu mir gesagt: »Ja, so 'nen Kopf müsste man haben, proppevoll mit Einfällen!«

Interessiert musterte sie dabei meinen Schädel, wo sie offenbar die Einfälle herumwimmeln sah wie Hechte in einem Fischkasten, die man je nach Bedarf nur mit dem Kescher herauszuholen brauchte.

Einfälle – da hat Olga ein wahres Wort gesprochen. Das Einzige, was ich hier auf Erden zustande gebracht habe, sind eine Menge Einfälle, und es ist mir selber rätselhaft, wie man so unentwegt mit lauter, zum guten Teil überdies noch recht verschrobenen Einfällen leben und fast sterben kann. Woher sind sie alle aufgetaucht? Wie sind sie entstanden, wie kamen sie zu einem Namen – wie kommt der Hecht aus dem Fischkasten?

Ja, oft war zuerst nur der *Name* da. *Pippi Langstrumpf* ist so geboren worden, und ihren Namen schenkte mir ein Kind, das dazu ein Märchen erzählt haben wollte. Dasselbe Kind wollte auch ein Märchen zu einem anderen Namen haben: Herr Lilienstengel. Nur ganz nebenbei erfuhr ich, dass Herr Lilienstengel ein netter, fliegender Onkel sei, der immer dann zu Besuch kam, wenn kein Erwachsener da war. Und das Kind kriegte sein Märchen. *Im Land der Dämmerung* habe ich es genannt.

Jahre später tauchte Herr Lilienstengel wieder auf, doch ohne mich zu fragen, hatte dieser Racker inzwischen seinen

Charakter geändert, und wie gründlich! So unleidlich und hochnäsig war er geworden, dass man ihn nicht mal mit der Feuerzange hätte anfassen wollen! Er selber freilich hielt sich für einen »schönen, grundgescheiten und gerade richtig dicken« Mann in seinen besten Jahren. Ein netter, kleiner Herr Lilienstengel war er bei Gott nicht mehr, und deshalb musste er zwangsläufig auch anders heißen. Ganz anders! Warum aber ausgerechnet *Karlsson vom Dach?*

Als kleines Mädchen ging ich für mein Leben gern mit unseren zerrissenen Schuhen zum Schuster, ja, denn bei ihm an der Wand hingen zwei schauerliche Farbdrucke, die es mir angetan hatten. Der eine stellte in einer Bildfolge dar, wie übel es dem Propheten Jona erging, der in Ninive predigen sollte, statt dessen aber von einem gewaltigen Fisch verschlungen wurde. Der zweite gefiel mir noch besser und war noch grauslicher. Darauf war ein bedauernswerter Mann zu sehen, der von einer Riesenschlange erwürgt wurde. Der Schuster, dem diese Schätze gehörten, hieß Karlsson und wurde von allen Leuten »Karlsson vom Fass« genannt. Der Rhythmus dieses Namens muss wohl in mir herumgespukt haben, als ich mich gezwungen sah, Herrn Lilienstengel umzutaufen. Er wurde zu »Karlsson vom Dach«, hatte mit dem braven Schuster im Übrigen aber nichts gemein.

Ein anderer Name! »Sunnanäng« stand an einem kalten, raureifglitzernden Tag so verlockend auf einem Wegweiser am Siljansee, und »Sunnanäng« klang es mir noch lange in den Ohren. So lange, bis schließlich zwei bitterarme und von Winterkälte und Frost gepeinigte kleine Kinder von irgendwoher gewandert kamen und ihre Sehnsucht gestillt und ihre frierenden Glieder gewärmt haben wollten auf der *Sonnenau* des ewigen Frühlings. Ein bereifter Wegweiser – so kam der Hecht diesmal aus dem Fischkasten!

Als ich so klein war, dass ich die Schuhe noch nicht zum

Schuster bringen konnte, erfreute mein Großvater, der bei uns wohnte, seine Enkel oft mit einem alten Reim. Er lautete so:

Tu, tu, tu,
Schafe weit und breit,
heut wie allezeit,
so groß ist die Himmelsweid'.

Dazu stieß er mit einem Stock im Takt der Worte auf die Dielen, und immer, wenn er zur letzten Zeile kam, diesem »So groß ist die Himmelsweid'«, hob er den Stock hoch und beschrieb damit einen Kreis in der Luft, um zu zeigen, wie groß die Himmelsweide sei. Nun kannten wir zwar die Kuhweide und die Schafweide, aber eine Himmelsweide war etwas ganz anderes und Märchenhaftes.

Später habe ich selber dieses »Tu, tu, tu« viele Male, viele Jahre hindurch mit vielen Kindern gespielt, und nichts geschah. Eines Tages aber hüpften sie plötzlich hervor, weiß und wollig – Schafe weit und breit, heut wie allezeit –, und wurden zu einem Märchen. *Die Schafe auf Kapela* heißt es.

Auch *Michel in Lönneberga* war zuerst nur ein Name, nur so schnell dahingesagt, um einen kleinen Schreihals zum Schweigen zu bringen – »Rat mal, was Michel in Lönneberga einmal gemacht hat?« Und da verstummte der Schreihals, denn natürlich wollte er unbedingt wissen, was denn dieser Michel in Lönneberga angestellt hatte. Wer dieser Michel war, davon hatte ich selber noch keine Ahnung, und es war mir lange Zeit auch ganz gleichgültig. Urplötzlich aber, ohne dass ich wusste wie, kam Leben in den Schlingel, und er fing mit seinem Unfug an und war nicht mehr zu bändigen.

Bisweilen kommen einem die »Einfälle« genauso wirklich vor wie lebendige Menschen, und für meinen alten Vater Samuel August wurde Michel so nach und nach zu einem Jungen, der fast tatsächlich existierte. Wahrscheinlich hat er sich mit Michel verwandt gefühlt und sich von seinem Altmännerbett im Pflegeheim in das eigene Schlingelalter einer entschwundenen Zeit und Welt zurückgeträumt, wo auch dieser Michel zu Hause war. Damals, als Michel barfuß in Lönneberga herumlief, war auch Samuel August so ein kleiner småländischer Steppke in einem benachbarten Kirchspiel, selbst wenn er nicht *ganz* so viel Unfug getrieben haben mag. Aber genau wie Michel hat auch er für zwei oder fünf Öre Gatter geöffnet, und genau wie Michel hat auch er Krebse gefangen, sechzig Schock in einer einzigen dunklen Augustnacht, ist das wohl zu glauben! Und auf Jahrmärkten und Versteigerungen und sogar beim häuslichen Katechismusverhör war er nicht weniger bewandert als Michel – und er konnte davon erzählen!

Bei einem Katechismusverhör in Katthult fragte der Pastor einmal Lina: »Na, Lina, wie hießen denn nun unsere ersten Eltern?« Und ohne mit der Wimper zu zucken, antwortete Lina: »Thor und Freya.« Um die Wahrheit zu sagen, war es aber nicht Lina, sondern ein ganz anderes småländisches Heidenkind, das diese Antwort bei so einer Gelegenheit gegeben hat, und Samuel August war dabei und hat diese Worte in der Schatzkammer seiner Erinnerung aufbewahrt, die voller Schnurren und Schwänke aus dem småländischen Leben war. Dem Leben des »ungehobelten Bauernvolkes« – wie er die eigene Gesellschaftsschicht schlicht und gelassen bezeichnete.

Als ich mich daranmachte, über Michel zu schreiben, war Samuel August für mich mehr wert als jedes Nachschlagewerk. So musste ich beispielsweise ja wissen, was dies oder jenes dazumal gekostet hat, und Samuel August wusste es noch auf Krone und Öre. Er entsann sich genau, wie viel er für jede Kuh und für jeden Ochsen zu zahlen hatte, als er Ende des vorigen Jahrhunderts selbstständiger Bauer geworden war. Er erinnerte sich noch an Stiere, die vor einem halben Jahrhundert aufgehört hatten zu brüllen, ja er erinnerte sich einfach an alles. Sogar an jenen Tierarzt, der lange vor der Jahrhundertwende auf unserer Rinderkoppel ein Hengstfohlen zu kastrieren hatte und verlangte, dass Samuel August und sein Bruder Linnert den Kopf des Fohlens halten und ihm als eine Art Narkose tröstend vorsingen sollten: »Schon gut, kleines Fohlen, armes kleines Pferd!«

»Dabei konnte Linnert keinen einzigen Ton treffen«, sagte Samuel August entrüstet, als er davon erzählte. Nun kann nicht verschwiegen werden, dass auch Samuel Augusts Singstimme nicht gerade dazu geeignet war, Schmerzen irgendwelcher Art zu lindern. Mit dieser Narkose war es also sicherlich nicht weit her gewesen, armes kleines Pferd!

Davon steht in den Michel-Büchern jedoch nichts. Hingegen findet sich »Schon gut, kleines Fohlen« in abgewandelter Form an anderer Stelle – wo, sage ich nicht. Etwas kann der Leser ja auch selber herausfinden, nicht wahr?

Mein Vater hat mir viel erzählt, und auch ich habe ihm, als er alt und so sehschwach geworden war, dass er nicht mehr lesen konnte, mancherlei erzählt. Aus dem letzten Michel-Buch hat er, kurz bevor er von uns ging, nur noch von Michels Bravourstück auf der Versteigerung in Backhorva erfahren. Da er selber sein Leben lang mit großem Vergnügen Geschäfte getätigt hat, fand er an Michels Gewitztheit großen Gefallen. Nachdem ich ihm von dieser Versteigerung in Backhorva erzählt hatte, vergingen ein paar Monate bis zu unserem nächsten Wiedersehen, und da fragte er gleich als erstes: »War Michel mal wieder auf 'ner Auktion?«

Leider war er das nicht!

Ja, aber *Mio, mein Mio* – wie wurde denn dieser Hecht aus dem Fischkasten gekeschert? Ein einsamer Junge saß traurig auf einer Bank in einer Stockholmer Parkanlage, und ich ging an ihm vorbei. So einfach war es.

Einfälle, hat Olga gesagt! Viele davon sind eigentlich gar keine Einfälle, sondern nur Umdichtungen eigener Erlebnisse in einer fernen Kindheit, die in der Erinnerung aufblitzen gleich dem huschenden Schein eines Leuchtfeuers.

»Inga und ich, wir wissen selbst nicht, was wir tun« – tatsächlich saßen meine Schwester und ich einst einen ganzen langen, seligen Maitag lenzestrunken unter einem blühenden Faulbaum auf je einem Brett in einem rauschenden Wassergraben und spielten, wenn auch nicht mit einem Frosch wie die *Bullerbü*-Mädchen, sondern mit einem Regenwurm. Armer Regenwurm, mit seiner Seligkeit war es an diesem Maitag wohl schlecht bestellt!

Ole hat einen losen Zahn – ach, wer hat keine wackligen Milchzähne gehabt, die unter Gewimmer und Geschrei mit einem Zwirnsfaden herausgezogen wurden. Wieso durften die Zähne eigentlich nie von allein ausfallen?

Lisabet steckt sich eine Erbse in die Nase – ach, wie viele Erbsen hat man sich nicht selber in die Nase gestopft und ist damit heulend zur Mutter gelaufen, die sie einem dann mit einer Haarnadel herausholte. Der einzige Unterschied ist, dass Lisabets Mutter die große Schwester Madita mit Lisabet zum Doktor schickt, und nur darum landen sie bei Linus-Ida, die ihnen Äpfel brät und »Jesu Eisenbahn zum Himmel« vorsingt.

Ich hatte als Kind sogar zwei Linus-Idas. Sie wohnten in nebeneinanderliegenden roten Holzhäuschen, und ich besuchte sie oft, wenn auch ohne Erbse in der Nase. Ida in Liljerum und Mari in Vendladal, so lauteten ihre poetischen Namen, und es war Ida, die die Äpfel briet und Waffeln backte, und Mari, die sang.

Pelle zieht aus – ach, wer hätte das nicht getan? Im Alter von ungefähr fünf Jahren beschloss ich genau wie Pelle, aufs Plumpsklo zu ziehen. Aus irgendeinem heute vergessenen Grund fühlte ich mich ungerecht behandelt und wollte der

Familie einen Denkzettel verpassen. Ich war überzeugt davon, dass alle miteinander tränenüberströmt herbeigelaufen kommen und mich bitten würden, doch um Himmels willen wieder heimzukehren. Aber niemand kam, es war schrecklich. Mir blieb nichts anderes übrig, als von allein wieder zurückzukehren, und es war sehr bitter für mich, dass keiner, aber auch keiner in der ganzen Welt mich vermisst hatte. Und darum reagiert Pelles Mutter so einsichtig, als Pelle versucht, Reißaus zu nehmen. Damit wollte ich nur endlich mein fünfjähriges Ich trösten, das bestimmt noch irgendwo in all den Jahresringen der Seele versteckt ist.

Ja, liebe Olga, du siehst also, dass Einfälle gar nicht so etwas Besonderes sind. Auch in deinem Kopf gibt es bestimmt eine ganze Menge davon. Oder gab es! Damals, als du noch in Bullerbü lebtest und in der Stube wohntest, die einst unsere alte Tischlerwerkstatt gewesen war. Du verzeihst mir wohl, dass ich diese alte Werkstatt so viele Jahre später wieder hervorgekramt und Michel hineingesetzt habe, damit er dort beim Holzmännchenschnitzen all seine Streiche bereut?

Ich habe also hier eine Auswahl meiner »Einfälle« zusammengestellt und, wie es sich gehört, mit meiner Erstgeborenen, Pippi Langstrumpf, begonnen. *Pippi findet einen Spunk.*

Was ist ein Spunk? Zunächst erfindet Pippi das Wort, und erst dann versucht sie herauszubekommen, was es bedeutet. Spunk – ist das etwas, womit man Löwen erlegt, oder ist es eine Krankheit, die einem die Augen zufallen lässt, oder etwas, das einem Schluckauf beschert, wenn man Schuhcreme mit Milch isst?

Eine Schulfreundin von mir grübelte viel darüber nach, warum Schnur wohl »Schnur« und Wanne wohl »Wanne« heißt. Wer hatte bestimmt, dass es so und nicht anders zu sein hatte? Hätte sie Pippi gefragt, dann hätte sie zur Antwort bekommen »Wahrscheinlich ein Haufen alter Professoren.«

Aber nicht nur Professoren denken sich Wörter aus, auch Kinder tun dies oft und gern. Einmal vor langer Zeit in unserer Kindheit saß mein Bruder, der, soweit bekannt, der Welt erster Sachensucher gewesen ist, vor einem Zeichenblatt und fragte mich: »Was soll ich zeichnen?« Ohne lange zu überlegen sagte ich: »Zeichne doch ein Salikon.« Und auch mein Bruder überlegte nicht lange. Er zeichnete ein Salikon, und ich sah auf den ersten Blick, dass es ein Salikon war, denn selbstverständlich erkennt man es sofort, wenn man es sieht. Deshalb war es eigentlich auch nicht recht von mir, dass ich später in einem Märchen, das *Allerliebste Schwester* heißt, das Salikon einfach in einen Rosenstrauch verwandelt habe, unerhört so etwas! Die sechsjährige Astrid wäre damit nie und nimmer einverstanden gewesen!

Nein, wahrhaftig nicht nur alte Professoren! Ein mir lieber kleiner Olle, dessen Wortschatz kaum zehn Wörter umfasst, hat sich ein eigenes Wort ausgedacht: Nan-gi. Außer ihm weiß niemand in der ganzen weiten Welt, was es bedeutet, aber es scheint etwas sehr Lustiges zu sein, denn immer, wenn er es ausgesprochen hat, quiekt er vor Lachen. Nan-gi? Was oder wer um alles in der Welt ist Nan-gi, das möchte man doch zu gern wissen. Nan-gi? O nein, halt! Bleib du nur noch im Fischkasten, mein Hechtlein! Ja, aber trotzdem. Nan-gi! Nan-gi?

So ungefähr fängt es manchmal an.

Dies schrieb ich 1971. Zwei Jahre später erschien mein Buch *Die Brüder Löwenherz.* Und dort taucht »Nan-gi« auf, aber ich fügte etwas hinzu. »Nangijala« wurde der Name des Märchenreiches, wohin die beiden Brüder zuerst kommen. Und «Nangilima» das Land, das ihre endgültige Heimstatt wird.

Ein kleiner Herrenhof in Värmland

Selma Lagerlöf

Die Wildgänse folgten dem Lauf des Klarälf bis zu den großen Fabriken bei Munkefors. Dann wendeten sie sich nach Westen dem Fryksdal zu. Aber bevor sie den Frykensee erreicht hatten, begann es zu dunkeln, und so ließen sie sich auf einem flachen Moor in einem Bergwald nieder. Das Moor war nun freilich ein ganz gutes Nachtquartier für die Wildgänse; aber Nils Holgersson fand es kalt und unbehaglich, und er hätte gerne einen besseren Platz zum Schlafen gehabt. Während sie noch in den Lüften droben gewesen waren, hatte er am Fuß des Berges einige Höfe gesehen, und nun eilte er rasch dorthin, um eines dieser Häuser zu erreichen. Der Weg war länger, als er geglaubt hatte, und er war mehrmals nahe daran, wieder umzukehren. Aber endlich lichtete sich der Wald, und er gelangte auf eine Landstraße, die am Waldessaum hinlief. Von der Straße führte eine schöne Birkenallee nach einem Herrenhofe, und der Junge richtete sogleich seine Schritte dahin.

Er kam auf einen von roten Gebäuden umgebenen Hof, der so groß wie ein Marktplatz war. Als der Junge diesen Hof durchschritten hatte, kam er in einen zweiten Hof, und da sah er das Wohnhaus mit seinen Seitenflügeln, mit einem Kiesweg und einem großen Rasenplatz davor und einem großen Garten mit vielen Bäumen dahinter. Das Hauptgebäude selbst war nur klein und unansehnlich, aber der Rasen war von einer Reihe mächtiger Ebereschen eingefasst, die so dicht standen, dass sie eine ganze Wand bildeten, und dem Jungen war es, als sei er in einen prächtigen hochgewölbten Saal hineingekommen. Darüber schimmerte ein blassblauer Himmel, die Ebereschen hatten gelbe Blätter und große, rote Beerenbüschel; der Rasen war zwar noch grün, aber an jenem Abend goss der Mond einen so strahlend hellen Glanz vom Himmel herab, dass das Gras wie Silber glänzte.

Kein Mensch war zu sehen, der Junge konnte also frei umhergehen, wo er wollte, und als er in den Garten kam, entdeckte er etwas, das ihn sofort in gute Laune versetzte. Er war auf eine kleine Eberesche geklettert, um einige Vogelbeeren zu essen, aber ehe er einen der roten Büschel abgebrochen hatte, fiel sein Blick auf einen Ahlkirschenbaum, der auch voller Früchte stand. Rasch ließ er sich von der Eberesche hinabgleiten und kletterte auf den Ahlkirschenbaum; aber kaum saß er da droben, als er einen Johannisbeerstrauch erblickte, an dem noch lange, rote Träubchen hingen. Und jetzt sah er, dass der ganze Garten voller Stachelbeeren, Himbeeren und Hagebutten war! Im Gemüsegarten standen Rüben und Kohlraben, an allen Sträuchern hingen Beeren, alle Pflanzen hatten reifen Samen und die Grashalme kleine, dicke Ähren. Und dort auf dem Wege – nein, er täuschte sich doch wohl nicht –, da lag wirklich vom Mondschein hell erleuchtet ein prächtiger großer Apfel!

Der Junge setzte sich hinter den Apfel auf den Wegrand und schnitt sich mit seinem Taschenmesser kleine Stückchen davon ab. Wie das schmeckte! ›Ja, wenn man nur immer so leicht zu einer guten Mahlzeit käme wie hier in diesem Hofe, dann könnte man schließlich schon sein Leben lang ein Wichtelmännchen bleiben‹, dachte der Junge.

Während er aß, kamen ihm allerlei Gedanken, und

schließlich meinte er, ob es nicht vielleicht ebensogut wäre, wenn er gleich hier bliebe und die Wildgänse allein weiterziehen ließe.

›Ich weiß eben gar nicht, wie ich dem Gänserich begreiflich machen soll, dass ich nicht heimkehren kann‹, dachte er. ›Da wäre es gewiss besser, ich trennte mich vollständig von ihm. Ich könnte es ja dann wie die Eichhörnchen machen: mir einen Wintervorrat sammeln, damit ich nicht zu verhungern brauchte; und im Kuh- oder Pferdestall fände sich wohl auch ein warmes Winkelchen für mich, dann brauchte ich auch nicht zu erfrieren.‹

Während er noch darüber nachdachte, hörte er ein leichtes Rauschen über seinem Kopfe; und gleich darauf stand neben ihm auf dem Boden etwas, was einem kleinen Birkenstumpfe glich. Der Stumpf wendete und drehte sich, zwei helle Punkte oben auf dem Gipfel glühten wie zwei Kohlen. Es sah wie ein schrecklicher Zauberspuk aus; aber nach ein paar Augenblicken entdeckte der Junge, dass der Stumpf einen gekrümmten Schnabel und um die glühenden Augen einen großen Federkranz hatte, und da beruhigte er sich wieder.

»Wie angenehm, dass ich ein lebendes Wesen hier antreffe«, begann er. »Vielleicht könnt Ihr, Frau Nachteule, mir mitteilen, wie dieses Gut hier heißt und was für Leute hier wohnen?«

Die Nachteule hatte, wie alle Abende, so auch heute, auf der Stufe einer großen Leiter gesessen, die am Dach lehnte, und von da auf dem Kiesweg und dem Rasen nach Mäusen ausgespäht. Aber zu ihrer großen Verwunderung hatte sie nicht ein einziges langgeschwänztes Mäuschen entdecken können. Statt dessen gewahrte sie plötzlich, dass sich drunten im Garten etwas bewegte, das einem Menschen glich, aber viel kleiner war als jedes menschliche Wesen.

›Da haben wir wohl den, der die Mäuse verscheucht‹,

dachte die Nachteule. ›Was mag aber das nur für ein Wesen sein? Es ist kein Eichhörnchen und ist auch kein junges Kätzchen und ebensowenig ein Wiesel‹, dachte die Eule weiter. ›Nun hätte man doch geglaubt, ein Vogel, der so lange auf einem alten Herrenhofe gewohnt hat wie ich, sollte nachgerade wissen, was für Geschöpfe es auf der Welt gibt, aber dies hier geht über meinen Verstand.‹

Sie starrte das Ding, das sich drunten auf dem Kiesweg bewegte, unverwandt an, und ihre Augen glühten. Schließlich aber gewann die Neugierde die Oberhand; sie flog auf den Boden hinunter, um sich das fremde Geschöpf in der Nähe zu betrachten.

Als Nils Holgersson zu sprechen anfing, beugte sich die Eule vor und sah ihn genau an. ›Er hat weder Krallen noch einen Stachel‹, dachte sie, ›aber wer weiß, ob er nicht einen Giftzahn oder sonst eine Waffe hat, die noch gefährlicher sein könnte. Es ist gewiss am Besten, ich versuche erst, etwas Näheres über ihn zu erfahren, ehe ich mich mit ihm einlasse.‹

»Der Hof heißt Mårbacka«, sagte sie dann, »und in früheren Zeiten haben ausgezeichnete Menschen hier gewohnt. Aber wer bist denn du?«

»Ich habe die Absicht, mich hier niederzulassen«, sagte der Junge, ohne eine direkte Antwort auf die Frage der Nachteule zu geben. »Meint Ihr, das ließe sich einrichten?«

»O ja, obwohl der Hof jetzt nichts Besonderes mehr ist, im Vergleich zu dem, was er früher war«, antwortete die Eule. »Aber man kann immerhin hier leben; es kommt ja auch hauptsächlich darauf an, wovon du hier leben willst. Hast du im Sinn, dich auf die Mäusejagd zu verlegen?«

»Nein, Gott soll mich davor bewahren!«, rief der Junge. »Die Gefahr, dass die Mäuse mich auffressen, ist wohl größer, als dass ich ihnen ein Leid antue.«

›Ob er wirklich so wenig gefährlich ist, wie er sagt? Das ist doch wohl nicht möglich‹, dachte die Eule; ›aber ich glaube, ich will doch einen Versuch machen.‹ Sie flog auf, und im nächsten Augenblick hatte sie ihre Krallen in Nils Holgerssons Schultern geschlagen und hackte nun nach seinen Augen. Nils hielt die eine Hand zum Schutz vor die Augen, während er sich mit der anderen zu befreien suchte und zugleich aus Leibeskräften um Hilfe schrie. Er fühlte, dass er in wirklicher Lebensgefahr schwebte, und sagte sich, diesmal werde es ganz gewiss aus mit ihm sein.

Aber nun muss ich erzählen, wie wunderbar es sich traf, dass gerade in diesem Jahre, als Nils Holgersson mit den Wildgänsen umherzog, in Schweden eine Schriftstellerin war, die ein Buch über Schweden schreiben sollte, das den Kindern als Lesebuch in der Schule dienen könnte. Von Weihnachten bis zum Herbst hatte sie sich über ihre Aufgabe Gedanken gemacht, aber bis jetzt war noch nicht eine einzige Zeile an dem Buche geschrieben, und schließlich war sie der ganzen Aufgabe so überdrüssig geworden, dass sie sich sagte: »Auf diese Weise bringst du nichts zustande, setz dich lieber hin und dichte Geschichten und Märchen wie sonst und lass jemand anders dieses Buch schreiben, das lehrreich und ernst sein soll und in dem kein unwahres Wort stehen darf.«

Sie war so gut wie entschlossen, ihr Vorhaben aufzugeben; aber sie hätte eben doch gar zu gerne etwas Schönes über Schweden geschrieben, und es wurde ihr sehr schwer, die Arbeit aufzugeben. Schließlich kam ihr der Gedanke, ob es am Ende deshalb mit dem Buche nicht vorangehe, weil sie in einer Stadt sitze und nichts als Straßen und Mauern vor sich sehe. ›Vielleicht geht es besser, wenn ich aufs Land reise und Felder und Wälder betrachten kann‹, dachte sie.

Sie stammte aus Värmland, und sie war fest entschlossen, das Buch mit dieser Landschaft beginnen zu lassen. Und vor allem wollte sie von dem Hof erzählen, auf dem sie aufgewachsen war. Es war ein kleiner Herrenhof, der ganz einsam und weltabgeschieden dalag und auf dem sich noch viele altertümliche Sitten und Bräuche erhalten hatten. Sie dachte, den Kindern würde es gewiss gefallen, wenn sie von allen den Beschäftigungen hörten, die im Laufe des Jahres einander ablösten. Sie wollte erzählen, wie bei ihr daheim Weihnachten und Neujahr, Ostern und das Johannisfest gefeiert worden waren, was für Möbel und Hausgeräte sie gehabt hatten, wie es in der Küche und in der Vorratskammer, in Kuh- und Pferdestall, im Brauhaus und in der Badestube ausgesehen hatte. Aber als sie sich nun daran machte, dies zu beschreiben, wollte die Feder gar nicht vom Fleck. Die Schriftstellerin konnte durchaus nicht begreifen, woher das kam; aber es war jedenfalls so.

Sie sah aber doch alles miteinander so deutlich und lebendig vor sich, als lebte sie noch immer mitten darin! Trotzdem kam sie nicht vorwärts, und schließlich dachte sie, da sie nun doch einmal aufs Land reisen wolle, wäre es vielleicht am besten, den alten Hof zu besuchen und sich dort noch einmal umzusehen, ehe sie darüber schrieb. Sie war seit vielen Jahren nicht mehr dagewesen, und der Gedanke, dass sie nun einen Grund habe, dorthin zu reisen, machte sie froh. Eigentlich trug sie immer eine Art Heimweh nach dem alten Hofe mit sich herum, sie mochte sein, wo sie wollte. Sie sah ja wohl, dass andere Orte schöner und besser waren; aber nirgends fühlte sie sich so wohl und geborgen, wie in diesem Haus während ihrer Kindheit.

Diese Reise in die alte Heimat war jedoch gar nicht so einfach für sie, wie man meinen könnte, denn der Hof war an eine ihr ganz fremde Familie verkauft worden. Sie dachte freilich, man würde sie gewiss freundlich aufnehmen; aber sie wollte ja nicht in die alte Heimat kommen, um mit fremden Menschen zu plaudern, sondern um sich alles so recht deutlich ins Gedächtnis zurückzurufen, wie es früher da gewesen war. Deshalb richtete sie es so ein, dass sie spät am Abend auf Mårbacka eintraf, zu einer Zeit, als schon Feierabend war und das Gesinde sich im Hause befand.

Sie hätte nie gedacht, dass es so seltsam sei, in die alte Heimat zurückzukehren. Während sie im Wagen saß und nach dem alten Hofe fuhr, war es ihr, als werde sie mit jeder Minute jünger und immer jünger, und bald war sie nicht mehr eine Frau, deren Haar sich schon grau zu färben begann, sondern ein kleines Mädchen mit kurzen Röcken und einem langen flachsblonden Zopf. Während sie so dahinfuhr und jeden Hof am Wege wiedererkannte, dachte sie nur immer daran, dass daheim auch alles ganz genau wie in früheren Zeiten sein müsse. Wenn sie ankäme, würden Vater und Mutter und die Geschwister auf der Treppe stehen und sie willkommen heißen. Die alte Haushälterin würde ans Küchenfenster laufen, um zu sehen, wer käme, und Nero und Freya und noch ein paar andre Hunde würden herbeistürzen und an ihr hochspringen.

Je mehr sie sich dem Hofe näherte, desto glücklicher fühlte sie sich. Es war Herbst, und eine emsige Zeit mit einer Menge Arbeit stand bevor. Aber gerade durch diese verschiedenen Arbeiten war das Leben daheim nie langweilig und einförmig gewesen. Unterwegs hatte sie gesehen, dass die Leute bei der Kartoffelernte waren, und diese war natürlich jetzt auch daheim im Gange. Nun mussten zuerst Kartoffeln gerieben und Kartoffelmehl gemacht werden. Es war ein milder Herbst gewesen, und sie hätte so gerne gewusst, ob wohl der Garten schon ganz abgeerntet sei? Nun, der Kohl stand doch jedenfalls noch draußen; aber ob wohl der Hopfen schon gepflückt und die Äpfel heruntergenommen waren?

Wenn sie nur nicht am Ende gerade die Herbstputzerei hatten, denn es war nicht mehr lange bis zum Herbstmarkt!

Zu diesem Jahrmarkt musste das ganze Haus blitzsauber sein. Er galt als ein großes Fest, vor allem beim Gesinde. Und es war auch wirklich ein Vergnügen, wenn man am Vorabend des Marktes in die Küche hinauskam und sah, wie blitzblank alles war: der reingewaschene, mit Wacholderzweigen bestreute Fußboden, die frisch geweißten Wände und das blank gescheuerte Kupfergeschirr auf den Wandbrettern.

Aber auch nach dem Marktfest gab es keine lange Ruhezeit. Dann musste der Flachs gehechelt werden. Der Flachs war während der Hundstage auf einer Wiese zum Trocknen ausgebreitet worden. Jetzt brachte man ihn in die alte Badestube hinein, und in dem großen Badestubenofen wurde ein tüchtiges Feuer gemacht und der Flachs gedörrt. Und wenn er dürr genug war, wurden an einem Tage alle Nachbarsfrauen zusammengerufen. Diese setzten sich vor die Badestube; und nun wurde der Flachs gebrochen und hierauf gehechelt, damit sich die feinen weißen Fasern aus den dürren Halmen herauslösten. Während dieser Arbeit wurden die Frauen ganz grau vor Staub. Ihr Haar und ihre Kleider waren über und über mit Spleißen bedeckt, aber sie waren deshalb nicht weniger vergnügt. Den ganzen Tag hindurch klapperten die Brechstühle, und die Frauen schwatzten ununterbrochen darauf los. Wer in die Nähe der Badestube kam, hätte meinen können, ein Sturm jage mit lautem Sausen daher.

Nach dem Flachshecheln kam das Backen des Hartbrotes an die Reihe, die Schafschur und der Wandertag der Mägde. Im Novenber standen dann die arbeitsreichen Schlachttage bevor; das Fleisch wurde eingepökelt, Würste gestopft, Blutpudding gekocht und Lichter gegossen. In dieser Zeit kam dann wohl auch das Nähmädchen, das die eigengewobenen wollenen Kleider verfertigte; und das waren einige fröhliche Wochen, in denen alle Frauen des Hauses eifrig nähend beisammensaßen. Meistens saß dann auch der Schuhmacher zu derselben Zeit drüben in der Knechtstube an seiner Arbeit; und man wurde es nie müde, immer und immer wieder zuzusehen, wie er Leder zuschnitt, Stiefel sohlte, Absätze aufbaute und die Ringe in die Schnürlöcher einschlug. Aber die größte Geschäftigkeit entfaltete sich doch gegen Weihnachten. Der Lucietag, an dem morgens um fünf Uhr das Stubenmädchen in einem weißen Kleide mit brennenden Kerzen im Haar das ganze Haus zum Kaffee einlud, war das Zeichen, dass man in den nächsten Wochen nicht viel Zeit zum Schlafen haben würde.

Jetzt mussten das Weihnachtsbier gebraut, die Stockfische gelaugt, das Weihnachtsbackwerk verfertigt und die Weihnachtsputzerei vorgenommen werden.

Die Schriftstellerin stand im Geiste mitten zwischen Pfeffernüssen und Honigkuchen, als der Kutscher, wie sie ihn gebeten hatte, am Eingang in die Allee seine Pferde anhielt. Sie fuhr jäh aus ihren Träumen auf, und es war ihr ganz unheimlich zumute, als sie nun am späten Abend so ganz allein im Wagen saß, nachdem sie sich eben noch von allen ihren Lieben umgeben geglaubt hatte. Als sie ausstieg und die Allee hinaufwanderte, um unbemerkt in ihr altes Elternhaus zu kommen, fühlte sie den Unterschied zwischen früher und jetzt so schmerzlich, dass sie am liebsten wieder umgekehrt wäre. ›Was hat es für einen Wert, dass ich hierher komme? Die alten Zeiten kehren ja doch nicht wieder!‹, dachte sie.

Aber nachdem sie nun so weit gekommen war, meinte sie, es wäre doch nicht recht, wenn sie sich den Hof nicht wenigstens ansähe. Und so ging sie weiter, obwohl ihr das Herz mit jedem Schritt schwerer wurde.

Sie hatte gehört, der Hof sei sehr verfallen und verändert, und das war wohl auch so; aber jetzt am Abend konnte sie das nicht erkennen. Es war ihr eher, als sei alles ganz wie früher. Dort war der Teich, der in ihren jungen Tagen voller Karauschen gewesen war, die niemand fischen durfte, weil der Vater wollte, dass die Fische hier eine vollständige Freistatt haben sollten. Dort waren die Seitenflügel mit der Gesindestube, der Vorratskammer und dem Stall, mit der Vesperglocke auf dem einen Giebel und der Wetterfahne auf dem andern. Und der Hofplatz vor dem Wohnhause war noch immer wie ein eingeschlossener Raum ohne Aussicht nach irgendeiner Seite, ganz wie zu Zeiten des Vaters, weil er es nicht übers Herz brachte, irgendeinen Busch weghauen zu lassen.

Sie war im Schatten eines großen Ahorns bei der Einfahrt stehengeblieben und schaute sich nun aufmerksam um, und während sie so dastand, geschah etwas Merkwürdiges: Eine Schar Tauben kam dahergeflogen und ließ sich neben ihr nieder.

Sie konnte kaum glauben, dass es wirklich Vögel seien, denn Tauben pflegen sonst nie nach Sonnenuntergang auszufliegen. Der helle Mondschein musste sie geweckt haben, dass sie geglaubt hatten, es sei schon Tag, und so waren sie aus dem Taubenschlag herausgeflogen, aber da waren sie wohl verwirrt geworden und hatten den Weg nicht mehr zurückgefunden, und als sie einen Menschen erblickten, flogen sie zu ihm, als wollten sie ihn um Hilfe bitten.

Zu Lebzeiten ihrer Eltern waren immer eine Menge Tauben auf dem Hofe gewesen, denn die Tauben hatten auch zu den Tieren gehört, die der Vater unter seinen besonderen Schutz genommen hatte. Wenn nur jemand davon sprach, dass eine Taube geschlachtet werden sollte, so verdarb ihm das die gute Laune. Jetzt freute sie sich herzlich darüber, dass die schönen Vögel sie an der Schwelle des alten Hauses begrüßten. Wer konnte wissen, ob nicht die Tauben gerade deshalb zur Nachtzeit ausgeflogen waren, um ihr zu zeigen, dass sie nicht vergessen hätten, welch eine gute Heimat sie einst hier gehabt hatten!

Oder hatte vielleicht der Vater seine Vögel mit einem Gruße zu ihr geschickt, damit sie sich nicht gar so verlassen und einsam fühlen sollte, wenn sie nun wieder in die alte Heimat kam?

Während ihr diese Gedanken durch den Kopf gingen, sehnte sie sich so sehr nach den alten Zeiten, dass ihr die Tränen in die Augen traten. Es war ein gutes Leben gewesen, das sie auf dem Hofe geführt hatten. Sie hatten arbeitsreiche Wochen gehabt, aber auch frohe Feste; sie hatten den Tag über fleißig sein müssen, aber am Abend hatte man sich um die Lampe versammelt und Tegnér und Runeburg, Frau Lenngren und Friedericke Bremer gelesen. Sie hatten Getreide gebaut, aber auch Rosen und Jasmin gezogen; sie hatten Flachs gesponnen, aber beim Spinnen waren Volkslieder gesungen worden. Sie hatten sich mit der Grammatik und der Weltliteratur geplagt; aber sie hatten auch Komödie gespielt und Verse gedichtet. Sie hatten am Herd gestanden und das Essen gekocht; aber sie hatten auch musizieren dürfen, hatten Klavier, Gitarre und Geige gespielt und Flöte geblasen. Sie hatten in einem Garten Kohl und Rüben, Erbsen und Bohnen gepflanzt; aber es war noch ein zweiter Garten da, wo es Apfel und Birnen und allerlei Beeren in Hülle und Fülle gab. Sie hatten ein ziemlich einsames Leben geführt, aber gerade deshalb hatten sie sich in eine Märchen- und Sagenwelt hineingelebt. Ihre Kleider waren aus selbstgewebten Stoffen verfertigt worden; aber sie hatten auch unabhängig und sorgenfrei leben können.

›Nirgends auf der weiten Welt verstehen es die Menschen so gut, sich das Leben schön einzurichten, wie sie das zu meiner Zeit auf einem solchen kleinen Herrenhofe verstanden haben‹, dachte die Dichterin. ›Da hatte die Arbeit ihre Zeit und das Vergnügen seine Zeit, aber die Freude herrschte jeden Tag. Wie gern möchte ich hierher zurückkehren!‹, dachte sie weiter. ›Seit ich den Hof wiedergesehen habe, fällt mir das Fortgehen fast zu schwer.‹

Und dann wendete sie sich an die Taubenschar und sagte zu ihr, während sie doch zugleich über sich selbst lächelte: »Fliegt zurück zu meinem Vater und sagt ihm, dass ich Heimweh habe. Nun bin ich lange genug an fremden Orten gewesen; fragt ihn, ob er es nicht einrichten könne, dass ich bald wieder in die Heimat meiner Kindheit zurückkehren dürfe?« Kaum hatte sie diese Worte gesprochen, als die ganze Taubenschar auch schon auf und davon flog; sie versuchte, den Vögeln mit den Augen zu folgen, aber sie verschwanden rasch; es war, als habe die ganze weiße Schar sich in der mondhellen Luft aufgelöst.

Aber kaum waren die Tauben verschwunden, als aus dem Garten laute Schreie an ihr Ohr drangen, und als sie rasch dahin eilte, woher die Rufe kamen, bot sich ihr ein merkwürdiger Anblick dar. Ein winzig kleiner Knirps, kaum eine Spanne lang, wehrte sich verzweifelt gegen eine Nachteule.

Zuerst war die Schriftstellerin so überrascht, dass sie sich nicht rühren konnte. Aber als der Kleine immer jämmerlicher schrie, legte sie sich rasch dazwischen und trennte die beiden Kämpfenden. Die Eule schwang sich auf einen Baum, aber das Männlein blieb auf dem Gartenweg stehen, ohne sich zu verstecken oder davonzulaufen.

»Ich danke Ihnen für Ihre Hilfe«, sagte es, »aber Sie hätten die Eule nicht fortfliegen lassen sollen. Nun kann ich nicht von hier weggehen, denn sie sitzt dort auf dem Baum und lauert mir auf.«

»Ja, es war recht gedankenlos von mir, dass ich sie entwischen ließ. Aber kann ich dich nicht dahin begleiten, wo du zu Hause bist?«, fragte sie, die so gerne Märchen ersann; sie war nicht wenig erstaunt, dass sie hier so ganz unvermutet mit einem Wichtelmännchen zusammengetroffen war. Aber eigentlich war sie nicht einmal so sehr erstaunt; es war, als habe sie, während sie da im Mondschein vor ihrer alten Heimat gestanden hatte, immerfort darauf gewartet, dass sich etwas Wunderbares zutrage.

»Eigentlich habe ich auf diesem Hofe hier übernachten wollen«, sagte der Knirps. »Wenn Sie mir einen sicheren Platz zum Schlafen anweisen könnten, würde ich erst morgen früh in den Wald zurückkehren.«

»Soll ich dir ein Nachtlager anweisen? Wohnst du denn nicht hier?«

»Ach, ich verstehe, Sie halten mich für ein Wichtelmännchen«, sagte der Knirps jetzt. »Aber ich bin ein Mensch, gerade wie Sie, und ich bin nur in ein Wichtelmännchen verwandelt worden.«

»Das ist das Wunderbarste, was ich je geträumt habe! Kannst du mir nicht erzählen, wie sich das zugetragen hat?«

Der Junge hatte nichts dagegen, seine Abenteuer zu erzählen, und je weiter er in seinem Bericht kam, desto erstaunter und verwunderter, aber auch desto vergnügter wurde die Zuhörerin.

›Ach, welch ein Glück, dass ich jemand treffe, der durch ganz Schweden auf einem Gänserücken gereist ist!‹, dachte sie. ›Alles, was er mir da erzählt, kann ich ja in mein Buch schreiben! Jetzt brauche ich mir deswegen keine Sorgen mehr zu machen. Wie gut ist es, dass ich nach Hause gereist bin! Wie merkwürdig, dass die Hilfe gekommen ist, sobald ich den alten Hof betreten habe!‹

In demselben Augenblick kam ihr ein Gedanke, den sie kaum auszudenken wagte. Sie hatte ihrem Vater durch die Tauben Botschaft geschickt, dass sie sich nach Hause sehne, und sogleich war ihr bei der Aufgabe, über die sie schon so lange nachgegrübelt hatte, Hilfe zuteil geworden! Konnte das die Antwort ihres Vaters auf ihre Bitte sein?

Nachwort

Wer kennt nicht Pippi Langstrumpf und Michel aus Lönneberga, die seit vielen Jahrzehnten den lesenden Kindern und den vorlesenden Erwachsenen ein Bild von Schweden vermitteln? Kaum der Kinderliteratur entwachsen, sieht der Leser dann in der international überaus erfolgreichen, schwedischen Kriminalliteratur die vermeintliche schwedische Realität in einem eher düsteren Licht.

Aber: Jenseits von Pippi und Michel und den Kommissaren Beck und Wallander gibt es noch viel zu entdecken. Ein Großteil der hier präsentierten Beiträge besteht aus modernen Werken, doch auch Klassiker sind vertreten. Diese Auswahl »fürs Handgepäck« soll das Verständnis der schwedischen Gesellschaft, Kultur und Geschichte vertiefen.

Der weltweit agierende Philosoph und Schriftsteller *Lars Gustafsson* – literarisch hier jedoch in der mittelschwedischen Seenlandschaft seiner Heimatprovinz Västmanland verortet – zeigt uns, wie die geheimnisvollen Zwänge der Liebe und die Suche nach dem Sinn des Lebens unser Handeln bestimmen können. Dass das Schaffen *Ingmar Bergmans* sich der dramatischen und filmischen Gestaltung dieser und anderer Zwänge des menschlichen Lebens widmete, ist einem großen Publikum bekannt. Eher überraschend deshalb die autobiografische Schilderung seiner ersten Liebe.

Von der seelischen Landschaft zu der weiten südschonischen Ebene führt *Thomas Steinfelds* Text, der diese Gegend – *slätten* genannt – in ihrer winterlichen und sommerlichen Besonderheit erkundet. Die für die schwedische Topografie sonst untypische Landschaft einer sanften Wellenbewegung, die die tatsächlichen Höhen und Tiefen optisch wegzuzaubern vermag, steht im Gegensatz zu dem Grenzgebiet zu Finnland im Norden, Tornedalen. Nach einem Krieg gegen Russland musste Schweden im Jahre 1809 Finnland an Russland abtreten, was die sechshundertjährige Zusammengehörigkeit beider Länder beendete. Der Fluss Torne älv dient seitdem als Grenze, die man damals jedoch ohne Rücksicht auf die westlich des Flusses sesshafte finnischsprachige Minderheit bestimmte. Ihre sich in der Abgrenzung vom sprachlichen Mutterland eigenständig entwickelnde Sprache – *meänkieli* – genießt heute den Status einer Minoritätssprache. Wie sich die Integration dieser ethnischen Gruppe in ihre schwedischsprachige Heimat vollzogen hat, davon handelt *Mikael Niemis* Text aus der Sicht eines Kindes.

In der zweiten Hälfte des 19. Jahrhunderts entstanden durch den Bau des Eisenbahnnetzes neue Ortschaften im zum Teil weglosen Gelände. Für geschäftstüchtige Männer wie den Großhändler Lindh in *Kerstin Ekmans* Roman *Hexenringe* bedeutete der Aufbau der notwendigen Infrastruktur um die Bahnknotenpunkte herum ein einträgliches Geschäft. Im hier abgedruckten Auszug feiern die männlichen Honoratioren die Einweihung des Schulhauses im Bahnhofsrestaurant der Restauratrice Mamsell Alma Winlöf. Als unverheiratete Frau hat sie sich eine gesellschaftliche Position erarbeitet, die es ihr erlaubt, auf für Frauen unerschlossenes soziales Terrain vorzudringen. Bei der Einweihungsfeier setzt sie ihren Willen in einer für den Großhändler Lindh ungebührenden, gar abstoßenden Weise durch.

Nach dem 9. April 1940, dem Tag der Besetzung Dänemarks und Norwegens durch Nazi-Deutschland, blieb Schweden das einzige der fünf nordischen Länder, das keine fremden Truppen im Land dulden musste. Die Gefühle einer Göteborger Familie an diesem Tag schildert *Marianne Fredriksson.* Schweden mit seiner abgeschiedenen Lage, seiner weiten Ausdehnung mit dünner Besiedlung und kleinen

Städten hatte vor dem Krieg eine homogene Bevölkerung. Das Land mochte dem Fremden insular erscheinen. Die aus verschiedenen Gründen Verfolgten, die hier Zuflucht fanden, haben das Land wohl so erlebt. *Willy Brandt* konnte 1940 nach erneuter Flucht – diesmal aus Oslo nach Stockholm – seine Arbeit fortsetzen und fand in der schwedischen Sozialdemokratie eine politische Heimat – und die junge Norwegerin *Rut Hansen*, seine spätere Ehefrau. Sie hatte in der Heimat im Widerstand gearbeitet und musste wie tausende andere nach Schweden fliehen. Die jüdischstämmige Familie von *Peter Weiss* konnte rechtzeitig aus Deutschland emigrieren und in Schweden eine gesicherte Existenz aufbauen, die es dem Maler später erlaubte, wieder nach Schweden einzuwandern und dort das Schreiben zu beginnen. In seiner autobiografischen Schilderung der sozialen Verhältnisse auf dem Lande prallen kontinentales, linksgerichtetes Bürgertum und autoritäre, ländliche Traditionen aufeinander.

Per Olov Enquist wuchs als Einzelkind mit seiner Mutter in einer engen, freikirchlich bestimmten Welt in der nordschwedischen Provinz Västerbotten auf. Seine Sehnsucht nach dem früh verstorbenen, nie gekannten Vater setzt er um in eine kindliche Fürsorge für ihn. Wichtiges, was dieser nicht mehr hatte erleben können, will der Sohn ihm nun mitteilen. Dem Vater, dem »Reisegefährten«, wird deshalb auch die jährliche, weihnachtliche Fahrt zur Großmutter erzählt.

Weihnachten – *jul* – war für die Wikinger ein Fest, das gebührend gefeiert wurde. Die Christianisierung Schwedens begann erst im 11. Jahrhundert, in der ausgehenden Wikingerzeit, und lange existierten das altnordische Heidentum und das Christentum parallel. *Frans G. Bengtssons* Schilderung der beiden heimkehrenden schwedischen Wikinger, die vom dänischen König eingeladen sind, »*jul* zu trinken« und dabei nach Jahren in arabischen Ländern wieder Schweinefleisch genießen zu können, gibt Einblicke in den Ehrenkodex eines Wikingers. Die Sitten haben sich seit Röde Orms Tagen erheblich verändert, übrig geblieben sind allerdings *julskinka* und *julkorv* – Schinken und Fleischwurst zu Weihnachten.

Die jungen Männer Henning und Daumen in *Per Anders Fogelströms* Beitrag erlernen den Beruf des Fischkastenschwenkers. Sie befinden sich im Stockholm der 1860er Jahre, wohin viele Arbeitslose gezogen waren, um ihr Auskommen zu finden. Andere wiederum verließen das Land. Mehr als eine Million Schweden wanderten von der Mitte des Jahrhunderts bis zum Ersten Weltkrieg aus – hauptsächlich nach Amerika. Zu denen gehörten die beiden Zigarrenmacher Ahlbom und Bolle in *Harry Martinsons* Text, deren gespartes Geld nur für eine Überfahrt reichte. Bolle musste bleiben und wurde Landstreicher.

Während einer Schiffsreise auf dem Mälarsee begegnen sich Sara, die eine ererbte Glaserei betreibt, und der Sergeant Albert. Was im hier abgedruckten ersten Kapitel eine romantische Fortsetzung erwarten lässt, entwickelt sich im Roman *Die Woche mit Sara* zur scharfen Kritik an der Abhängigkeit der Frau in Ehe und Gesellschaft und zum Plädoyer für eine offene Beziehung zum Wohle beider. Und das im Jahr 1838! Das konnte nicht gut gehen und der Autor, *Carl Jonas Love Almqvist,* sollte auch bald erfahren, dass die Gesellschaft solch umstürzlerische Gedanken nicht dulden wollte. Die Anerkennung, den ersten Emanzipationsroman Schwedens geschrieben zu haben, bleibt ihm dennoch.

Der schlimmste Feind des Rentiers ist der Wolf. Der Sami *Johan Turi* arbeitete als Rentierhüter und Jäger und hat als erster die Lebensbedingungen und Traditionen seines Volkes schriftlich festgehalten. Eine heitere Jagdgeschichte ist *August Strindbergs* Erzählung aus den Stockholmer Schären, deren Bevölkerung er selbst während mehrerer Sommerferien schätzen lernte. Die Bedeutung, die der Pastor der Elchjagd für die Fleischversorgung seines Haushaltes und sein eigenes Vergnügen beimisst, steht der heutigen Wertschätzung in Nichts nach. Teilt doch mancher Schwede das Jahr in »vor und nach der Elchjagd« ein.

Wenn manch kleines Kind auf der anderen Seite der Welt von Schweden gehört hat oder über die Leute in Småland Bescheid weiß, dann wahrscheinlich durch die Bücher der Autorinnen *Selma Lagerlöf* und *Astrid Lindgren*. Selma Lagerlöfs Nils Holgersson musste seine Reise durch Schweden als Däumling auf dem Rücken des Gänserichs 1906 antreten, um sich zu einem besseren und verantwortungsvolleren Menschen zu entwickeln, und gleichzeitig, um den schwedischen Schulkindern ihre Heimat zu zeigen. Bald kannten Kinder vieler Nationen seine Abenteuer. 1945 lernten die, was die Kindererziehung anbelangt, damals noch recht autoritären Schweden Pippi Langstrumpfs freiheitsliebenden und antiautoritären Lebensstil kennen; nicht jeder sah darin ein Vorbild. Nun, die Zeiten und mit ihnen die Moralvorstellungen haben sich geändert, aber gute Literatur findet immer ihre Leser.

Ralf Laumer und Gunilla Rising Hintz

Worterklärungen

Dalarna eine der fünfundzwanzig Provinzen Schwedens (Mittelschweden)

Heydrich, Reinhard (1904–1942) deutscher SS-Obergruppenführer und General der Polizei

Hjörungavåg Siedlung an der Küste Norwegens; gemeint ist hier die Schlacht, die sich dort angeblich im Jahr 986 zwischen dänischen, schwedischen und norwegischen Kräften ereignet hat

Jomswikinger legendärer Söldnerbund von Wikingern, dessen Untergang bei der Schlacht von Hjörungavåg besiegelt wurde

Julfest nordeuropäisches Fest der Wintersonnenwende; heute bedeutet *jul* auf Schwedisch Weihnachten

Käymävaara Berg in Nordschweden

Kinnekulle einer der westschwedischen Tafelberge

Knapsu Finnisch: unmännlich

Kotimaassa Finnisch: in die Heimat; in der Heimat; im Heimatland

Mädesüß Rosengewächs, das in den gemäßigten Zonen der Nordhalbkugel vorkommt

Möllergatan 19 in den Jahren 1940–1945 Osloer Adresse des deutschen Gestapo-Hauptquartiers

Multbeeren gelbe Beeren; wachsen auf Moosen (auch Molte-, Schell- oder Torfbeeren genannt)

Pajala Ort in der nordschwedischen Provinz Norrbotten; der Hauptort der gleichnamigen Gemeinde liegt an der schwedisch-finnischen Grenze

Pelikan hier: *Der Pelikan*, auf Deutsch auch *Der Scheiterhaufen*; Kammerspiel von August Strindberg (1907)

Phanerogame Blütenpflanzen

Porst Heidekrautgewächs

Rilke, Rainer Maria (1875–1926) einer der bedeutendsten Lyriker deutscher Sprache

SÄPO Säkerhetspolisen; der zivile Nachrichtendienst Schwedens

Schock alte Mengenangabe (1 Schock = 5 Dutzend)

Skåne Schonen; südlichste Provinz Schwedens

Stureplan öffentlicher Platz im Zentrum Stockholms

Swedenborg, Emanuel (1688–1772) schwedischer Wissenschaftler, Mystiker und Theologe

Thor und Freya nordgermanische Götter

Tranmäl, Martin früherer Vorsitzender der norwegischen Arbeiterpartei

Tschako militärische Kopfbedeckung

Tucholsky, Kurt (1890–1935) deutscher Journalist und Schriftsteller

Upp till tretton ehemalige Radiosendung des Senders Sveriges Radio P3; Programmleiter war Ulf Elfving, ein schwedischer Journalist

Värmland Provinz in Westschweden

Wallander, Kurt ein vom Schriftsteller Henning Mankell geschaffener Kriminalkommissar, der im südschwedischen Ystad ermittelt

Wenden Westslawen, die ab dem 7. Jahrhundert große Teile Nord- und Ostdeutschlands bevölkerten

Autorinnen und Autoren

Mit * gekennzeichnete Texte wurden für diese Anthologie vom Verlag neu betitelt.

Carl Jonas Love Almqvist
geboren 1793 in Stockholm. Die 1830er Jahre waren seine literarisch produktive Zeit, in der die romantischen Werke entstanden. Ab 1839 war er Mitarbeiter einer radikalen Zeitung und schrieb zunehmend gesellschaftskritische Texte, die öffentlichen Unmut erregten. Nach Verdächtigungen der Wechselfälschung und des Mordes an einem Wucherer flüchtete er 1851 in die USA. 1865 kehrte Almqvist nach Europa zurück, wo er 1866 in Bremen starb.
»Schiffsreise von Stockholm nach Strängnäs«*, aus: Carl Jonas Love Almqvist, *Die Woche mit Sara.* © Hinstorff Verlag, Rostock 2004. Aus dem Schwedischen von Anne Storm.

Frans G. Bengtsson
1894 in Schonen geboren. Er studierte in Lund und wurde durch sein essayistisches Werk und das zweibändige, episch-biografische Werk über den schwedischen König Karl XII. bekannt. Mit dem um das Jahr 1000 spielenden Wikinger-Roman *Die Abenteuer des Röde Orm* ist ein schwedischer Klassiker entstanden, der auch in viele Sprachen übersetzt wurde. Bengtsson starb 1954.
»Julfest bei den Wikingern«*, aus: Frans G. Bengtsson, *Die Abenteuer des Röde Orm.* Deutscher Taschenbuch Verlag, München 1978. © Norstedts, Stockholm 1941. Aus dem Schwedischen von Elsa Carlberg.

Ingmar Bergman
geboren 1918 in Uppsala als Sohn eines Pfarrers. Er war Drehbuchautor, Film- und Theaterregisseur und Leiter des Nationaltheaters Dramaten in Stockholm. 1997 wurde er bei den Filmfestspielen in Cannes mit dem Titel »Bester Filmregisseur aller Zeiten« ausgezeichnet. Er starb 2007 auf der nördlich von Gotland gelegenen Insel Fårö, die durch seine dort gedrehten Dokumentarfilme bekannt ist.
»Erste Liebe in Dalarna«*, aus: Ingmar Bergman, *Laterna Magica. Mein Leben.* © Alexander Verlag, Berlin/Köln 2003. Aus dem Schwedischen von Hans-Joachim Maass.

Rut Brandt

1920 im norwegischen Hamar geboren. Während des Zweiten Weltkrieges leistete sie Widerstand gegen die deutschen Besatzer und floh ins schwedische Exil. In Stockholm lernte sie Willy Brandt kennen, den sie 1948 heiratete. Für ihre bedeutende Stellung in der Bonner Republik und die ihr entgegengebrachten Sympathien sprach unter anderem der Erfolg ihrer Memoiren. Rut Brandt starb 2006 in Berlin.
»Endlich Frieden«*, aus: Rut Brandt, *Freundesland.* Hoffmann & Campe Verlag, Hamburg 1992. © Erben nach Rut Brandt 2006.

Willy Brandt

1913 in Lübeck geboren. Er schloss sich früh der Arbeiterbewegung an. 1933 floh er vor den Nazis nach Norwegen, 1940 nach Schweden. In Stockholm arbeitete er mit Sozialisten und Sozialdemokraten aus ganz Europa an Plänen für Nachkriegs-Deutschland und -Europa. Als SPD-Vorsitzender war er von 1969–1974 deutscher Bundeskanzler. 1971 erhielt er den Friedensnobelpreis. Brandt starb 1992 in Unkel.
»Stockholm – Das zweite Exil«*, aus: Willy Brandt, *Links und frei. Mein Weg 1930–1950.* Hoffmann & Campe Verlag, Hamburg 1982. © Erben nach Willy Brandt 1992.

Kerstin Ekman

geboren 1933, in Katrineholm südlich von Stockholm aufgewachsen. Sie arbeitete als Lehrerin, ehe sie als freie Autorin mit Kriminalromanen auf sich aufmerksam machte. 1974 leitete sie mit *Hexenringe* die vierbändige »Vallmsta-Serie« ein, welche das Leben mehrerer Generationen Frauen in einer Kleinstadt der Provinz Sörmland schildert. Ekman gehört zu den profiliertesten Autorinnen Schwedens.
»Mamsell Winlöfs Tischgesellschaft«*, aus: Kerstin Ekman, *Hexenringe.* © Piper Verlag, München 2002. Aus dem Schwedischen von Hedwig M. Binder.

Per Olov Enquist

geboren 1934 in Hjoggböle in der Provinz Västerbotten, ist Dramatiker, Regisseur und einer der bekanntesten schwedischen Autoren. Seinen literarischen Durchbruch feierte er 1968 mit *Die Ausgelieferten.* Die literarische Verarbeitung und Verschmelzung von Fiktion und Fakten historischer Gestalten und Ereignisse kennzeichnen seine Romane und Dramen. Er hat viele Literaturpreise im In- und Ausland erhalten.
»Der Reisegefährte«*, aus: Per Olov Enquist, *Ein anderes Leben.* © Carl Hanser Verlag, München 2009. Aus dem Schwedischen von Wolfgang Butt.

Per Anders Fogelström

geboren 1917 in Stockholm, der Stadt, deren Geschichte er in seiner fünfbändigen Romanserie *Stadt* (1958–1968) behandeln sollte. International berühmt wurde der später von Ingmar Bergman verfilmte Roman *Die Zeit mit Monika* (1951). 1976 wurde der ehemalige Journalist und Zeitschriftenredakteur zum Ehrendoktor der Universität Stockholm ernannt. Er starb in seiner Heimatstadt 1998.
»Der Sommer der Fischkastenschwenker«, aus: Per Anders Fogelström, *Stadt meiner Träume.* Verlag Volk und Welt, Berlin 1964. © Estate of Per Anders Fogelström 1998. Aus dem Schwedischen von Alfred Otto Schwede.

Marianne Fredriksson

1927 in Göteborg geboren. Sie arbeitete zunächst als Journalistin in ihrer Heimatstadt, bis sie 1962 nach Stockholm zog, wo sie für verschiedene Zeitschriften tätig war, später als Redaktionsleiterin der Tageszeitung *Svenska Dagbladet.* In den Jahren 1980 bis 2006 erschienen vierzehn Romane, die Leser – und vor allem Leserinnen – in mehr als fünfzig Ländern gefunden haben. Marianne Fredriksson starb 2007 in Stockholm.
»Der Wind weht kalt her – Der Sommer von 1940«*, aus: Marianne Fredriksson, *Simon.* © Wolfgang Krüger Verlag, Frankfurt am Main 1985. Aus dem Schwedischen von Senta Kapoun.

Lars Gustafsson
1936 in Västerås in der mittelschwedischen Provinz Västmanland geboren, in der viele seiner Romane spielen. Er ist promovierter Philosoph, bedeutender Schriftsteller und Lyriker, dessen fünfbändige Romanserie *Risse in der Mauer* (1971–1978), eine kritische Betrachtung der schwedischen Gesellschaft der Sechziger- und Siebzigerjahre, ihn international bekannt machte. Sein literarisches Werk ist stark von philosophischen Betrachtungen geprägt.

Selma Lagerlöf
geboren 1858 auf dem kleinen Gutshof Mårbacka in Värmland. Den internationalen Durchbruch brachte der Roman *Jerusalem* (1901/02) über die Auswanderung eines Dorfes ins Heilige Land. Ihr bekanntestes Werk, *Wunderbare Reise des kleinen Nils Holgersson mit den Wildgänsen* (1905/06), wurde als Lesebuch für die schwedische Volksschule geschrieben. Als erste Frau erhielt Selma Lagerlöf 1909 den Literaturnobelpreis. Sie starb 1940 auf dem wieder erworbenen Elternhof Mårbacka.

Astrid Lindgren
1907 in Vimmerby in Småland geboren. 1945 erschien der erste Band von *Pippi Langstrumpf.* Alle ihre Kinderbücher sind zu Bestsellern geworden und in mehr als sechzig Sprachen übersetzt. 1976 erhielt Astrid Lindgren den Friedenspreis des Deutschen Buchhandels. Sie starb 2002 in Stockholm. Seit 2003 wird der Astrid Lindgren-Gedächtnis-Preis, der höchstdotierte Preis für Kinder- und Jugendliteratur der Welt, verliehen.

Harry Martinson
geboren 1904 in Jämshög in der Provinz Blekinge. Seine von Entbehrungen und Lieblosigkeit gekennzeichnete Kindheit ist als autobiografischer Stoff in sein Werk *Die Nesseln blühen* (1935) eingeflossen. 1949 wurde Martinson Mitglied der Schwedischen Akademie. Zusammen mit seinem Landsmann Eyvind Johnson erhielt er 1974 den Literaturnobelpreis. Er starb 1978 in Stockholm.
»Der Amerikafahrer – Wenn Bande zerreißen«*, aus: Harry Martinson, *Der Weg nach Glockenreich*. © nymphenburger in der F. A. Herbig Verlagsbuchhandlung, München 1953. Aus dem Schwedischen von Edzard Schaper.

Mikael Niemi
geboren 1959 in Pajala an der schwedisch-finnischen Grenze, verfasste Lyrik, Dramen, Kinder- und Jugendbücher sowie Hörspiele, bevor er im Jahr 2000 mit dem Erstlingsroman *Populärmusik aus Vittula*, der mittlerweile auch verfilmt wurde, einen großen internationalen Erfolg feierte. Er wurde im selben Jahr mit dem renommierten August-Preis für Literatur ausgezeichnet. Mikael Niemi gehört zur ursprünglich finnischsprachigen Bevölkerung Schwedens.
»Wie Schweden aussieht«*, aus: Mikael Niemi, *Populärmusik aus Vittula*. © btb Verlag in der Verlagsgruppe Random House GmbH, München 2002. Aus dem Schwedischen von Christel Hildebrandt.

Thomas Steinfeld
Journalist und Schriftsteller, ist 1954 in Leverkusen geboren. Ab 1994 Literaturredakteur der *Frankfurter Allgemeinen Zeitung*, 2001 Wechsel ins Feuilleton der *Süddeutschen Zeitung*, dessen Literaturchef er seitdem ist. Steinfeld hat mehrere Bücher veröffentlicht, unter anderen *Der Sprachverführer* (2010), eine Stilkunde der deutschen Sprache. Artikel und Essays von ihm erscheinen auch in schwedischen Publikationen.
»Wenn die Wolken, von Stürmen geschlagen – Mit Rilke in Schonen«* (»Wenn die Wolken, von Stürmen geschlagen«), aus: Thomas Steinfeld, *Wallanders Landschaft. Eine Reise durch Schonen*. Paul Zsolnay Verlag, Wien 2002. © Thomas Steinfeld 2002.

August Strindberg
geboren 1849 in Stockholm. Der Schriftsteller, Dramatiker und Lyriker war der Erneuerer der schwedischen Sprache und Literatur im ausgehenden 19. Jahrhundert. Sein erster literarischer Erfolg war der satirische Gesellschaftsroman *Das rote Zimmer* (1879). Nach mehreren Auslandsaufenthalten kehrte er 1899 wieder nach Stockholm zurück. Dort entstand sein reiches dramatisches Werk, das jedoch erst nach seinem Tod internationale Anerkennung fand. August Strindberg starb 1912 in Stockholm.
»Der Elch des Pastors«, aus: Möllmann, Klaus (Hg.), *August Strindberg. Erzählungen III.* Hinstorff Verlag, Rostock 1988. Aus dem Schwedischen von Hans-Jürgen Hube.

Johan Turi
geboren 1854 in Kautokeino in Norwegen, das damals zum Königreich Schweden-Norwegen gehörte. Der Schriftsteller schilderte das Leben der seit undenklicher Zeit im äußersten Norden angesiedelten ethnischen Volksgruppe der Samis, die damals Lappen genannt wurden. Mit seiner *Erzählung vom Leben der Lappen* (1910) wollte Turi vor allem die schwedischen Behörden auf die Missstände aufmerksam machen, die aus der Besiedlungspolitik des Nordens resultierten. Er starb 1936 im schwedischen Jukkasjärvi.
»Vom Wolffang«, aus: Johan Turi, *Erzählung vom Leben der Lappen.* Eichborn Verlag, Frankfurt am Main 1993. Aus dem Schwedischen von Mathilde Mann.

Peter Weiss
geboren 1916 in Nowawes bei Potsdam, kam 1939 als Flüchtling nach Schweden, wo er vor allem als Autor mit der Zeit einen wesentlichen Einfluss auf das schwedische Kulturleben ausüben sollte. Seine dramatischen Werke brachten ihm internationalen Erfolg. Sein Hauptwerk, *Die Ästhetik des Widerstands* (1975-1981), setzt sich mit der Politik der Arbeiterbewegung in der Nazi-Zeit auseinander. Peter Weiss starb 1982 in Stockholm und wurde posthum mit dem Georg-Büchner-Preis ausgezeichnet.
»Ein Ort der Verbannung«*, aus: Peter Weiss, *Fluchtpunkt.* © Suhrkamp Verlag, Frankfurt am Main 1962.

Die Herausgeber

Ralf Laumer studierte in Stockholm, arbeitete wissenschaftlich über Schweden, verbringt seine Urlaube in den Stockholmer Schären und erschließt sich Land und Leute zusätzlich über die Literatur. Heute arbeitet er als Kommunikationsmanager.

Gunilla Rising Hintz lehrte viele Jahre an deutschen Universitäten schwedische Sprache, Literatur und Kultur und veröffentlichte mehrere Lehrbücher. Darüber hinaus beschäftigte sie sich wissenschaftlich mit der schwedischen Literatur-Nobelpreisträgerin Selma Lagerlöf.

Bildnachweis

7 Fotografie einer Insel im Åmänningen-See
26 Traditionell in Dalarna angefertigtes Holzpferd (Dalapferd; Foto Creative Tools)
35 Gemälde »Die Landschaft Schonens« von Peter Adolf Persson (um 1900)
48 Verlassener Traktor in Pajala (Foto Mestos)
55 Karikatur einer emanzipierten Frau und eines eingeschüchterten Mannes (um 1890)
65 Bombenabwurf eines deutschen Fliegers während des Zweiten Weltkriegs (Foto Deutsches Bundesarchiv; 1940)
77 Statue von Willy Brandt in Stockholm (Foto Vattkoppa)
84 Kungsgatan in Stockholm am 7. Mai 1945, kurz nach Verkündung des Friedens
87 Strichzeichnung einer Szene im Wald von Per Daniel Holm aus *Svenska folksägner* von Herman Hofberg (1882)
94 Gemälde »Schau nicht hin, mein Sohn« von Hans Krenn (1969)
101 Zeichnung »Schlacht von Svoldr« von Peter Nicolai Arbo (um 1870)
113 Fotomechanischer Druck des Helsingborger Hafens (1897)
121 Fotografie schwedischer Emigranten in Göteborg kurz vor Ablegen des Schiffes (um 1905)
128 Zeichnung einer Frau und zweier Männer von Fritz von Dardel (Nordiska Museet; 1895)
140 Zeichnung einer Rentierherde von Johan Turi aus der *Erzählung vom Leben der Lappen* (1910)
145 Strichzeichnung eines Elches aus der *Encyclopédie, ou dictionnaire raisonné des sciences, des arts et des métiers* (1772)
157 Briefmarke der Deutschen Post zum 100. Geburtstag von Astrid Lindgren (2007)
165 Briefmarke der Deutschen Post zum 150. Geburtstag von Selma Lagerlöf (2008)

Foto Umschlaginnenseite: Oleksiy Mark